U0906059

华中科技大学出版社
http://press.hust.edu.cn
中国·武汉

五星出東方利中國
五星出東方利中國

前言 Preface

欢迎你踏上这场奇妙的历史文化之旅——一次穿越时间和空间，与文物对话的机会。在这套图书中，我们将带你走进10座极富特色的中国博物馆，一窥那些见证历史沧桑、承载文明智慧的国宝。

每一座博物馆都是一座宝库，不仅收藏着数不清的历史珍品与艺术精品，更蕴含着无尽的知识和故事。在这些博物馆宁静的大厅里，时间似乎停滞了。古代工匠们的智慧和才能，历史的波澜和变迁，使得每一件展品都鲜活起来，等待着我们去发现和了解。

从甘肃省博物馆的历史厚重到首都博物馆的皇家气韵，从成都博物馆的天府风采到广东省博物馆的岭南风情，从布达拉宫的神秘庄严到敦煌博物馆的视觉震撼，从殷墟博物馆的商代遗迹到秦始皇帝陵博物院的兵马雄风，再到中国丝绸博物馆、新疆维吾尔自治区博物馆的地域特色，本套图书将为你开启一扇时光之门，带你走进一处处国家宝藏胜地。

我们深知，以一套书的有限篇幅，无法完整展现每座博物馆所有重要的国宝。于是，我们从文物的历史和文化价值、工艺水平、独特性与创新性，以及社会知名度和影响力等多方面综合考量，精心挑选了每座博物馆的20～24件最具代表性的珍贵文物。它们有的是各自博物馆的镇馆之宝，有的是某个时代的历史见证。此外，为了让读者更清晰地对文物进行了解和比较，我们将文物按不同类型来介绍。通过这些文物，读者不仅能欣赏到数千年间的艺术瑰宝，更能深入探索中华文明的发展脉络，体会历史的深度与厚重。

你即将翻阅的是新疆维吾尔自治区博物馆分册。馆内珍品璀璨如星河，描绘出新疆大地的多彩文化，其中精心挑选的藏品将带你穿越时光隧道，沉浸在新疆文化的深邃与独特魅力之中。这里是传统与现代的交汇点，每一件文物都有着岁月的痕迹，彰显着古代新疆各族人民的智慧与创造力。从精美华丽的织物到栩栩如生的镇墓兽，从多姿多彩的陶俑到富有民族特色的金银器，它们是历史的诉说者，让你在每一次观赏时，都能看到文化发展的脉络，与历史对话，与传统共振。

我们相信，这不仅是一次认知和学习的过程，更是一次心灵和情感的旅行。我们希望，这套图书能够激起你对历史的好奇心，唤起你对传统文化的尊重和保护，更希望这趟文化之旅成为你心中宝贵的记忆。

目录 Contents

新疆维吾尔自

博物馆概况

新疆维吾尔自治区博物馆（Xinjiang Uygur Autonomous Region Museum）是综合性地志博物馆、国家一级博物馆、第一批全国中小学生研学实践教育基地、全国爱国主义教育示范基地、首批全国92家博物馆文化创意产品开发试点单位，博物馆的《千年之语》智慧旅游沉浸式体验新空间入选第一批全国培育试点项目名单。

位置与规模

新疆维吾尔自治区博物馆位于乌鲁木齐市沙依巴克区西北路581号。新馆一、二期场馆建筑总面积约49600平方米。其中，一期场馆于2005年建成，建筑面积近17300平方米，主体高18米有余，地下1层，地上2层，玻璃穹顶近30米高，建筑平面呈“一”字形对称布局。

二期场馆占地面积超12200平方米，地下1层，地上4层，建筑平面呈“口”字形，与一期场馆构成“合”字造型。新疆维吾尔自治区博物馆设有历史馆、民俗馆、古尸馆、革命历史馆，以及其他专题馆，是一座综合性的博物馆。

发展历程

新疆维吾尔自治区博物馆的建立可追溯到1953年，1962年迁至新址后，先后与新疆维吾尔自治区文物管理委员会、新疆维吾尔自治区展览馆合并，1984年至1990年调整内部机构，设置多个常设展览，具有新疆当地民族特色，是展示新疆文化的重要窗口。

○ 筹备奠基（1953 年—1959 年）

1953年4月，新疆博物馆筹备处获批成立，9月开始征集文物。1954年，在乌鲁木齐市人民公园西侧修建库房。1957年8月，新疆维吾尔自治区文物管理委员会筹备处与新疆博物馆筹备处合署办公。1959年6月筹备处撤销，8月新疆维吾尔自治区博物馆正式成立。

○ 稳步发展（1962 年—20 世纪 90 年代）

1962年夏，新疆维吾尔自治区博物馆迁至乌鲁木齐市西北路132号，建筑面积超过8400平方米，展厅面积约7800平方米。20世纪80年代，新增民族民俗文物丰富陈列；90年代，积极在国外举办丝绸之路文物展览，同时引进国外展览，促进中外文化交流。

○ 华丽蜕变（1999 年—2005 年）

1999年新疆维吾尔自治区博物馆新馆建设项目正式立项。2005年9月新馆落成并正式对外开放，建筑风格兼具浓郁的西域特色和新疆地方风情。新馆的建成，标志着新疆维吾尔自治区博物馆在硬件设施上实现了质的飞跃，为其进一步发展奠定了坚实基础。

○ 持续前行（2005 年至今）

2008年3月，新疆维吾尔自治区博物馆开始免费对外开放。2016年新疆维吾尔自治区博物馆二期工程获批立项，于2018年开工建设，2022年5月18日，新疆维吾尔自治区博物馆二期场馆正式对外开放。

在新时代背景下，新疆维吾尔自治区博物馆持续推动展览形式与内容的创新，借助现代科技手段优化观众的参观体验。与此同时，大力加强文物的保护与研究工作，注重专业人才的培养，深度挖掘文物所蕴含的历史文化底蕴。另外，进一步深化对外文化交流与合作，携手国内外的博物馆共同举办各类展览，以此提升中国新疆文化在国际上的影响力。

藏品概况

新疆维吾尔自治区博物馆藏品丰富多样，数量可观，涵盖了纺织品、瓷器、纸质文书、古代干尸等多个品类。馆内设有博物馆文物科技保护中心和馆藏文物修复保护中心，还设立了『纺织品文物保护国家文物局重点科研基地新疆工作站』和『纸质文物保护国家文物局重点科研基地新疆工作站』，在可移动文物保护修复领域优势显著。

新疆维吾尔自治区博物馆的馆藏凝聚着新疆地区的历史文化精华，特色藏品主要为纺织品、纸质文书、彩绘泥塑及古代干尸等，是西北地区极具影响力、藏品特色鲜明、种类丰富的博物馆之一。截至2023年，馆内藏品总数为24606件（套）。

馆藏精品文物包括禁止出境的“五星出东方利中国”锦护臂、红地对人兽树纹罽袍；迄今中国境内考古发现的唯一木质神煞俑——彩绘天王踏鬼木俑等。在众多藏品中，新疆地区的古代干尸标本极具特色。

新疆维吾尔自治区博物馆致力于文物保护、修复与科研工作，先后成立了博物馆文物科技保护中心和馆藏文物修复保护中心。2021年，新疆维吾尔自治区博物馆耗时三年完成5个文物保护修复项目，其中包括67件（套）纺织品文物、31件（套）金属文物、20件（套）彩绘泥塑文物等。

第二部分
汉晋服饰

新疆维吾尔自治区博物馆展览精彩纷呈。既有极具新疆本土特色的展览，也有讲述新疆历史进程、革命解放与建设新疆的主题展览，满足不同观众的参观需求。

○ 基本陈列

新疆维吾尔自治区博物馆常设有多个展览，包括“瀚海珍衣——新疆古代服饰精品展”“逝者越千年——新疆古代干尸陈列”“新疆历史文物展”“‘永远跟党走’——庆祝中国共产党成立100周年新疆革命文物展”等。

共有的家园——铸牢中华民族共同体意识主题陈列展

设在博物馆一层2号展厅，含“共拓中华疆域”等4个篇章，以超400幅图片、近百幅（帧、件）艺术作品，结合全息技术，展现新疆各族人民与全国人民共写历史、共创文化、共铸精神的主题。

瀚海珍衣——新疆古代服饰精品展

位于博物馆二层3号展厅，是在“新疆古代服饰展”的基础上改陈提升而来。展出有先秦时期到清代新疆古民所使用的服装、鞋帽、装饰品等。

逝者越千年——新疆古代干尸陈列

位于博物馆二层5号展厅，分为两大板块。展出了从先秦至唐代的十余具干尸标本，其中不乏“楼兰美女”“且末宝宝”等知名干尸。

“永远跟党走”——庆祝中国共产党成立100周年新疆革命文物展

展览位于博物馆二层6号展厅，分为4个篇章。展出100余组馆藏革命文物，通过图片、文献及场景复原，展现了中国共产党在新疆开展革命工作、和平解放新疆、建设新疆的历程。

新疆历史文物展

位于博物馆二层7~9号的三个展厅。按先秦时期，两汉、魏晋、隋唐时期，五代宋辽、元明、清时期分阶段展出。展出文物丰富，其中有来自通天洞遗址、库车友谊路墓群、尼雅遗址等地方。

○ 临时展览与获奖情况

除了常驻的基本陈列，新疆维吾尔自治区博物馆还会举办多个临时展览，例如与伊朗国家博物馆等多个博物馆承办的“古波斯的荣耀——伊朗文物精华展”，本馆自行举办的“丝绸之路乐器展”。

此外，新疆维吾尔自治区博物馆举办的多个展览曾多次获“全国博物馆十大陈列展览精品”奖项。

○ 数字化展览展示

新疆维吾尔自治区博物馆数字化展览形式丰富多元。在官方小程序的“数字新博”中可以通过点击平面图，获取文物在馆内的位置，以及文字介绍和导览讲解。

例如“精绝七日：新疆尼雅遗址数字大展”是全国首个大规模新疆文化主题沉浸式展览，融合数字科技、VR技术及剧场演绎等多种创新手段，带领观众以第一视角探访尼雅遗址。

博物馆展览分布图

1 “五星出东方利中国”锦护臂

2 红地对人兽树纹罽袍

3 彩绘伏羲女娲绢画

4 彩绘天王踏鬼木俑

5 彩绘骑马仕女俑

6 人首微笑牛头陶饮器

7 菊花卷草纹青瓷碗

8 彩绘泥塑镇墓兽

9 八龙纹金带扣

10 虎鹰嘴怪兽搏斗饰牌

11 土尔扈特银印

12 麒麟送子铜牌

13 哈密王帽

14 尖顶织锦皮帽

15 “延年益寿大宜子孙”锦鸡鸣枕

16 树叶纹鞍毯

17 各类面点一组

18 墓主人生活图

19 玛瑙项链

20 彩绘文具盒

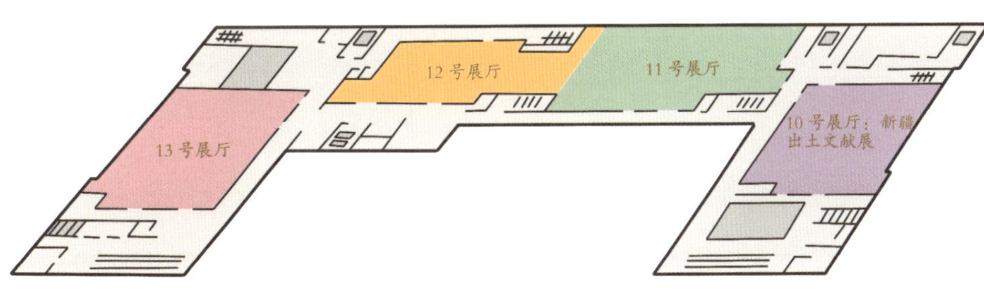

三层

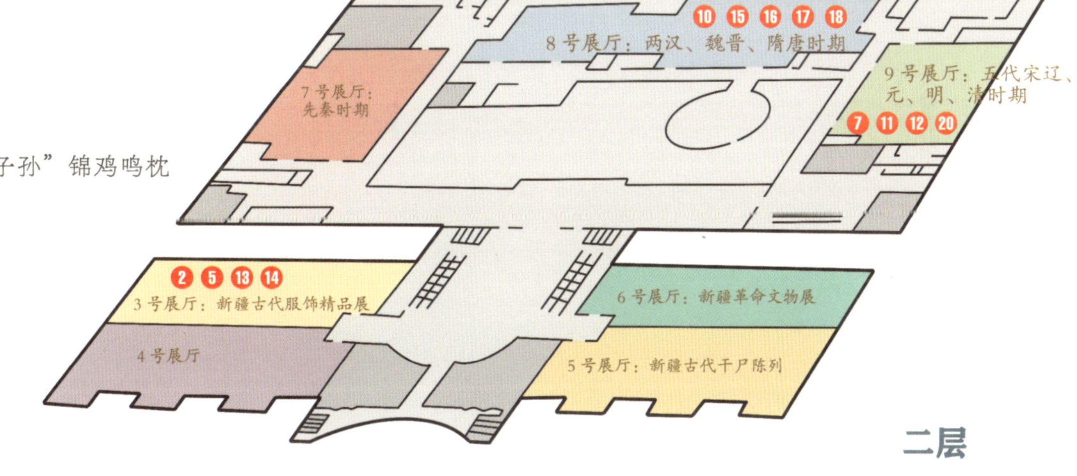

二层

注意 本书中的文物所在位置是以作者当前写作阶段和以前特展时的位置为参考标注的，由于各博物馆经常会有临时特展或巡回展，所以无法保证文物位置固定不变，请各位读者知晓，以实际的参观情形为准。另外，由于本馆第四层为多功能厅、社教活动室和阅览室等区域，并无文物展出，故在此不画平面图展示。

一层

达勒特古城遗址
阿力麻里故城遗址

镇馆之宝

『五星出东方利中国』锦护臂

红地对人兽树纹罽袍

彩绘伏羲女娲绢画

彩绘天王踏鬼木俑

『五星出东方利中国』锦护臂

汉代织锦的最高水平

这件“五星出东方利中国”锦护臂长18.5厘米，宽12.5厘米，两个长边上各缝缀3条长约21厘米、宽1.5厘米的白色绢带（其中3条残断）。

这件织锦护臂1995年在新疆和田地区民丰县尼雅遗址一座汉墓中出土，属于汉代的文物。它是新疆维吾尔自治区博物馆的镇馆之宝之一、国家一级文物、首批禁止出国（境）展览文物，被誉为20世纪中国考古学伟大的发现之一。

禁止出境文物

国宝名称：“五星出东方利中国”锦护臂

所属年代：汉

出土地：新疆和田地区民丰县尼雅遗址

这件“五星出东方利中国”锦护臂色彩绚烂，文字激扬，纹样诡秘，意蕴神奇。织锦上有“五星出东方利中国”8个缪篆体文字，为五重平纹经锦，使用蓝、绿、红、黄、白五色丝线织造，色彩绚烂，历经两千多年依然如新。幅面不大但内涵丰富。

传统五色

传统五色应为青、赤、黄、白、黑，这五色与天上的五星——岁星、荧惑星、镇星、太白星和辰星一一对应。而此锦却以绿色替代了黑色，这或许是因为黑色染料不够亮丽，于是匠人巧妙地选择了更为鲜艳的绿色。

青

赤

黄

白

黑

这块织锦由五组经线和一组纬线织成的五重平纹经锦，采用1.4平纹经重组织，经密220根/厘米，纬密48根/厘米。均以五色丝线织就，未采取分区设色方式。面锦图案经向循环有84根夹纬，7.4厘米，远远大于普通的汉魏织锦，是迄今出土的汉锦中密度最高的织锦。

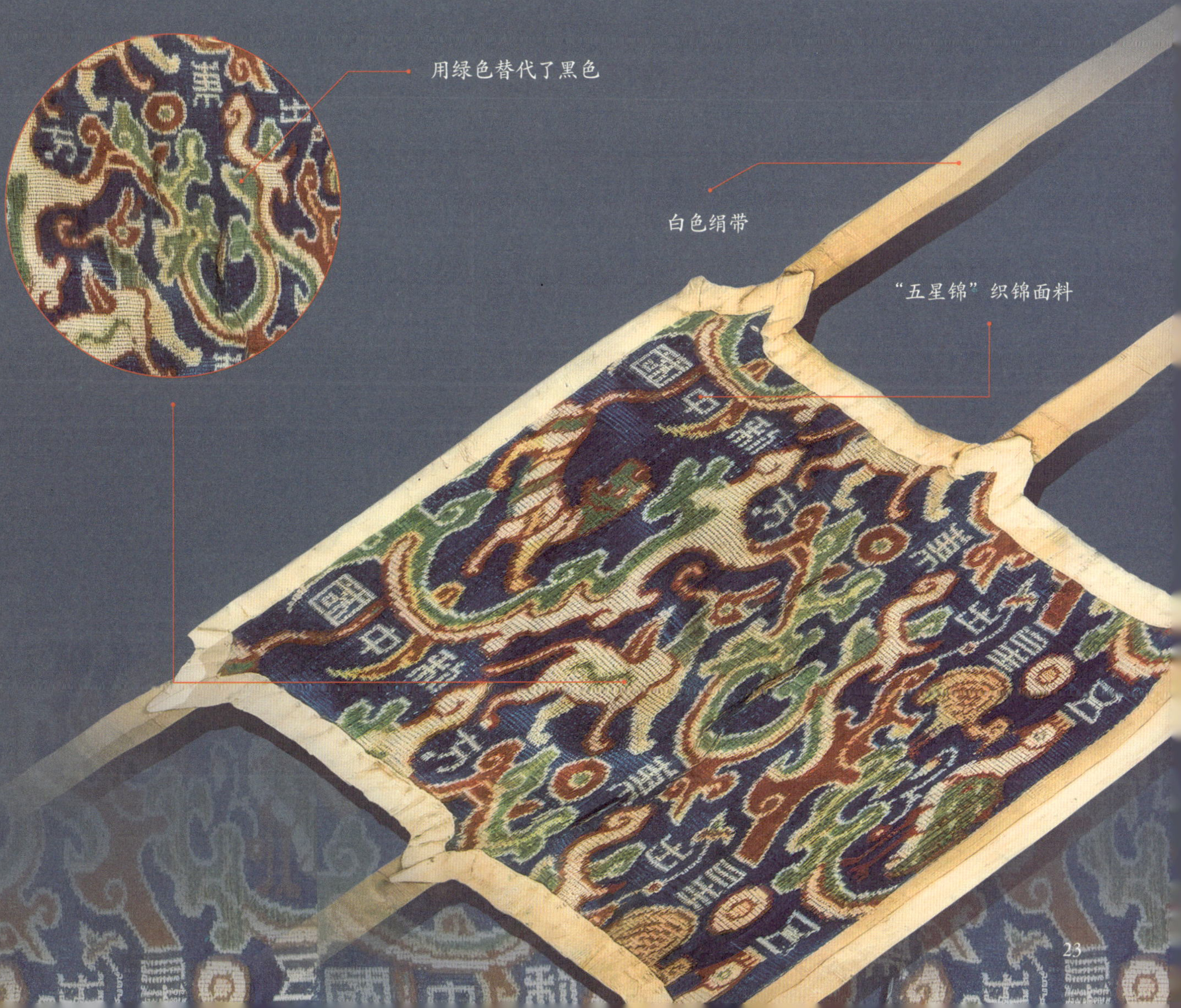

用绿色替代了黑色

白色绢带

“五星锦”织锦面料

这块织锦护臂上的纹饰繁复多样，以云纹为底，巧妙融入了各式灵禽瑞兽，其色彩缤纷，装饰考究，布局匀称，不仅彰显了汉代人对吉祥的祈愿，也反映了当时盛行的神学观念。

④祥云纹

②茱萸花纹

⑤星纹

①凤凰纹

③鸾鸟纹

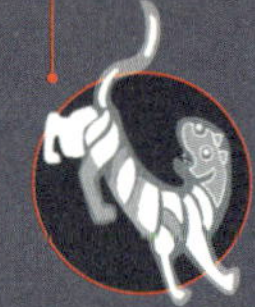

⑧白虎纹

⑦麒麟纹

⑥星纹

①凤凰纹

②茱萸花纹

③鸾鸟纹

④祥云纹

首先映入眼帘的是一对牝牡珍禽，凤凰傲立于云纹之上，昂首挺胸，气宇轩昂。其头顶巧妙地织有一个缪篆体的“五”字，而胸部前面的祥云纹上悬挂着一个精致的茱萸花纹，增添了几分生机。鸾鸟则温婉地站在另一片云纹上，垂首面向凤凰，似乎在低语。

在古代，凤凰代表着祥瑞，而鸾鸟亦承载着相似的寓意，二者共铸“鸾凤和鸣”之意。

云纹如骨架般巧妙穿插在织锦中，既划分了纹饰的界限，又为整体构图增添了灵动之美。汉代常常将云纹与茱萸纹相结合，共同构成丰富多彩的织物图案。这样的设计不仅美观大方，更有辟除恶气、祈求长寿登高的吉祥寓意。

五 星 出 东 方

利 中 国

“五星出东方利中国”一语是古时中国星占学占辞用语，最早出自《史记·天官书》。“五星”指岁星、荧惑星、镇星、太白星、辰星，五行说普及后，多指金星、木星、水星、火星、土星；“东方”指古代星占术中特定的天穹位置；“中国”指黄河中下游的京畿地区及中原。在古代星相学和阴阳家看来，五星同时出现在东方天空，对中原王朝有利。

“讨南羌”织锦

讨

南

羌

小提示

与“五星锦”同一墓葬中出土的，还有一件“讨南羌”织锦。两件织锦在图案风格上高度相似，专家据此推测它们极有可能是使用同类锦料织造的。以此为基础，专家将“五星锦”与“讨南羌”织锦合并复原后，经进一步考证，全幅完整的语句应为21字：“五星出东方，利中国，诛南羌，四夷服，单于降，与天无极。”这句话意为：当五星同时出现在东方时，中原王朝征讨南羌的军事行动必将取得成功。

⑤星纹

⑥星纹

在“星”“东”字旁边，有一白一红的双色同心圆圆点，代表“五星”。

⑦麒麟纹

“星纹”的左下侧，是一个倒悬的云纹。云纹凹进处，隐藏着一只张口伸舌、昂首嚎叫的独角瑞兽。这只瑞兽尾部下垂，背上长有一翅，形态独特，可能是传说中的“麒麟”。兽角上方云纹上端，织有一个“方”字，与下方的纹样形成了有趣的呼应。

⑧白虎纹

“利”字则隔着一个云端，位于“方”字的左上方。其下方云纹的左侧，是一只身着竖条斑纹、豹眼圆睁的虎形动物。虎的后右足踩在云纹上，举步向右行，尾部高耸，显得刚劲有力。其尾部右侧织有“中”字，左侧则是“国”字，共同构成了这幅织锦的独特纹样。

红地对人兽树纹罽袍

“美男子”的精美长袍

纹样布局对称规整，以石榴树为界，将图案分为上下几组，且每一组图案均呈二方连续的形式排列，对称分布，给人一种平衡、稳定的视觉感受。

石榴树的枝叶和果实清晰可见。石榴原产地为波斯，在波斯文化中，石榴象征多子、丰饶。在汉代，石榴经丝绸之路传入中国，在我国文化中寓意着“十全十美”，是美好、和谐与幸福的象征。

罽袍图案

禁止出境文物

国宝名称：红地对人兽树纹罽袍

所属年代：东汉

出土地：新疆尉犁营盘遗址汉墓十五号墓

这件红地对人兽树纹罽（jì）袍袍长110厘米，双袖展开长185厘米，下摆宽100厘米。1995年出土于新疆尉犁营盘遗址汉墓十五号墓，2013年被列入《第三批禁止出国（境）展览文物》。罽袍出土时基本保存完好，样式为交领，右衽，下摆两侧开衩至胯。色彩鲜明，人兽树纹图案精美复杂、布局对称，纹样带有浓郁的希腊艺术风格。

蓝色刺绣绢护膊

这件红地对人兽树纹罽袍采用双层两面纹组织工艺织造，袍面采用红地对人兽树纹罽，里衬为淡黄色绢。以红、黄两色的经纬线织出相互重叠的上下两层，面料的表面以鲜亮的红色作为底色，烘托着黄色显花图案，色彩对比鲜明，充分展现了古代成熟的艺术风格，以及古代工匠对美的创新追求。

纹饰人物皆为男性，有着卷曲的头发、高高的鼻梁和大大的眼睛。人体的结构比例进行了夸张处理，尤其是那隆起的肌肉，凸显出形体的强壮有力，洋溢着浓郁的阳刚之美。每组人物都手持兵器，呈现出各异的对练姿势，展现出武士们操练或者激战的情景。

红地对人兽树纹罽袍俯视图

每两组人物间隔一组对牛或对羊，使整个图案在人物与动物的交替中更具变化和节奏感。对羊姿态同对牛，羊角向后，羊身上通体饰有表示卷曲羊毛的花纹，精细至极。

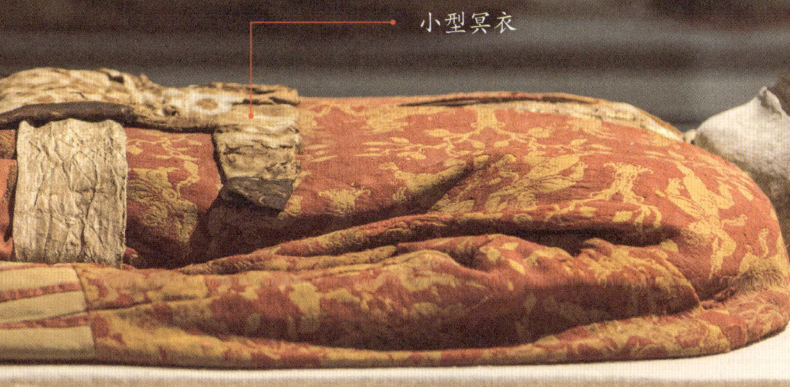

小型冥衣

彩绘伏羲女娲绢画

东方的始祖神

人物周围分布了众多白色圆圈，部分以红线相连，象征着星宿。古人通过观察星宿变化来观测天象、占卜吉凶，并且通过星象运转规律来推断节气历法。

女娲在画面左边，她发梳高髻、两腮涂红、面颊丰满圆润、额间饰花钿。女娲右手将“规”举至头顶，与伏羲举“矩”的动作相呼应；左手则握着四支短棍，搭在伏羲的肩部。

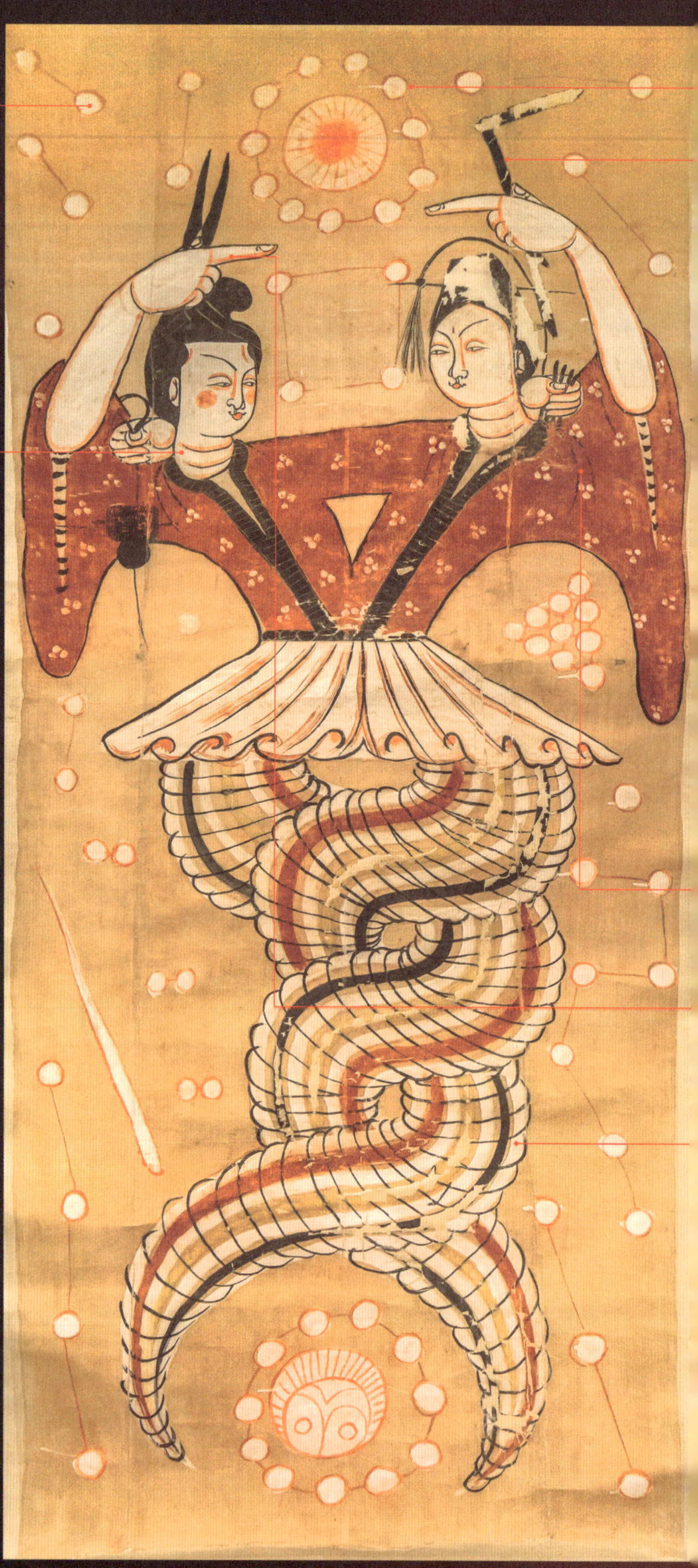

国宝名称：彩绘伏羲女娲绢画
所属年代：唐
出土地：吐鲁番阿斯塔那墓葬群

这幅彩绘伏羲女娲绢画纵220厘米，横116.5厘米。

这幅绢画1965年出土于吐鲁番阿斯塔那墓葬群，构图丰满，着色艳丽，绘于651年。图中绘有人首蛇身的一男一女，以手搭肩相依，蛇尾相交。

整幅绢画构图丰满，将人物与日月星辰等元素巧妙融合，布局合理且富有层次感。以伏羲女娲图随葬的习俗主要出现在夫妻合葬墓中，起源于西汉初期的中原地区，在东汉时盛行各地。

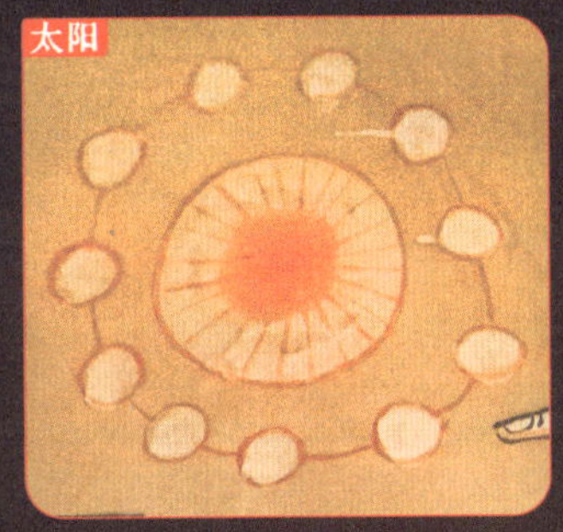

绢画的上方绘有红色圆轮，象征着太阳；下端绘着带有蟾蜍头部的圆轮，代表着月亮。蟾蜍在古代文化中常与月亮相关联，寓意着神秘与阴柔，体现了古代人们对月的崇拜。

伏羲位于画面的右边，头戴冠帻，簪子斜插于冠中，颇为庄重。他左手紧握象征规矩的矩，举至头顶，右手提着墨斗，自然地搭在女娲的肩上，展现出一种力量感。

这幅彩绘伏羲女娲绢画构图恰到好处，画面中没有丝毫的空洞或拥挤之感。笔法上，虽简练却不失精准，寥寥几笔便将人物的神态、服饰的细节以及各种元素的形态勾勒得栩栩如生。着色方面更是鲜明大胆，红、白等色彩的运用，使得画面极具视觉冲击力，伏羲与女娲均穿着宽袖白花对襟红袍衫，腰间共穿一条喇叭状短裙，色彩搭配鲜明，既具美感又显庄重。

我国古代有“天圆地方”的说法，二人手持规矩，意为“司天规地”，反映了当时人们对宇宙和自然的认知。

1983年，《伏羲女娲图》以“万物化生”为名，登上了联合国教科文组织主办的《国际社会科学杂志》中文版试刊号首页，讲述了伏羲女娲双尾的形态与DNA双螺旋结构异曲同工，同时也展现了古代东方艺术与现代西方科学碰撞出了奇妙的火花。

彩绘天王踏鬼木俑

全国仅此一例的木质神煞俑

国宝名称：彩绘天王踏鬼木俑
所属年代：唐
出 土 地：吐鲁番阿斯塔那墓葬群206号墓

这尊彩绘天王踏鬼木俑通高86厘米，1973年在吐鲁番阿斯塔那墓葬群206号墓出土，由一个彩绘天王和一个素面小鬼组成。由30余块大小不等的木料雕琢后拼接、粘合而成，采用浮雕和圆雕相结合的手法，全身施彩，色彩运用丰富且讲究。天王整体造型威武雄壮，姿态极具张力。天王脚穿长靴，右脚踏鬼，左脚稳稳蹬地，展现出坚实的力量感。

天王踏鬼的造型象征着正义对邪恶的绝对征服，寓意着能够驱邪避凶，保护墓主人在死后世界免受邪恶力量的侵扰，反映了当时人们对于死后安宁的强烈渴望。

小鬼身材矮小，双手撑于地面，双腿弯曲，头扭向一旁，脸上满是痛苦挣扎之色，尽显被天王制服后的狼狈与弱小。

天王的头部没有戴传统的战盔，而是束发髻，发髻中间系有一根红带；有着夸张的五官，浓眉倒挑、双眼怒瞪、阔口大张，透露出强烈的威慑力；粉紫色的面部肌肉层次分明，生动地表现出面部的立体感和力量感，使天王透出一股凛然正气。

这尊彩绘天王踏鬼木俑的服饰特色鲜明。其铠甲色彩绚烂夺目，纹饰精致美妙。人物的肌肉线条流畅自然，姿态动作生动逼真。天王右脚底部的圆柱形榫头，正好嵌入小鬼腹部的卯眼中，这一精巧设计，让天王与小鬼的造型紧密相连，构成了一个和谐的整体。当时颜料的挑选和调配颇为考究，虽历经千年，仍有部分色彩保存良好，足见那时的彩绘工艺已达较高水准。

铠甲以大红为底色，上面绘有流云纹牡丹花卉和描金边饰，色彩绚丽，尽显华贵，极富艺术感染力。胸部饰有圆形绿色护镜，双肩饰以虎头状护膊，构思奇特、气势非凡。

小提示

在考古发掘中，人们常把脚下踩着卧牛、怪兽或者昆仑奴的武士俑称作天王俑。天王俑是唐代墓葬里极为常见的镇墓物品，往往与镇墓兽一同摆放，多置于墓道或墓室前方，镇墓兽在前，天王俑在后，一般成对左右排列。文献里将它们合称为“四神”或“四大天王”。天王本是佛教中统领一方的护法神，自汉代佛教传入中国后，原本的佛法护卫神渐渐褪去原有的姿容与身份，演变成了经过艺术夸张处理的中国武士模样。

多彩威武的天王像

看完前面的彩绘天王踏鬼木俑，大家是否很好奇天王像是什么呢？天王形象源自佛教中的护法神，在唐代佛教盛行的背景下，天王俑被引入墓葬文化中，作为镇墓物品，具有驱邪避凶、守护墓主安宁的寓意。除了镇墓陶俑外，绘画、刺绣等作品中也常见天王形象，且形象更为细腻。下面我们一起来看看这个家喻户晓的守护神都有哪些形象吧。

青铜鎏金南天王立像（明，台北故宫博物院）

铜鎏金天王像

这尊天王像出自西藏。其造像身形矮胖壮硕，圆圆的腹部格外突出，脸庞圆润，眉头紧皱，双目圆瞪，眼神充满怒意。服饰复杂多样，装饰极为华丽。采用锤揲、接合以及嵌宝石的技法制作而成，重量较轻，然而看上去却雄壮威武。

陶瓷天王像

这尊天王像作立姿武装打扮，一脚笔直站立，另一脚微微弯曲，站在卧牛造型的台座上。其头戴兜鍪头盔，身穿紧身铠甲，腰间束着革带，护膝、护腿等装备俱全，神态显得极为英武威严。

三彩增长天王像（唐，台北故宫博物院）

多闻天王坐像刺绣片（明，台北故宫博物院）

刺绣天王像

这幅刺绣作品以蓝色缎面为底，运用金线和五彩丝线精心绣制而成。其长方形的幅面由上至下分为三个部分，依次是宝盖、多闻天王以及缠枝莲花。边缘部分和分隔框都采用盘金绣的针法，绣出缠枝藤蔓的图案。

绘画天王像

姚文瀚的这组四大天王像，笔触细腻，色彩鲜明，造型生动。北方多闻天王左手托银鼠，象征吐宝施财，是财富之神；东方持国天王手持琵琶；南方增长天王身着青甲胄，手持宝剑，象征智慧；西方广目天王左手托佛塔，表示风调雨顺，守护西方，降伏魔众，各有寓意与形象特点。

姚文瀚画东方持国天王像轴（清，台北故宫博物院）

姚文瀚画南方增长天王像轴（清，台北故宫博物院）

姚文瀚画西方广目天王像轴（清，台北故宫博物院）

姚文瀚画北方多闻天王像轴（清，台北故宫博物院）

馆藏文物

陶瓷器

金属器

织物

其他文物

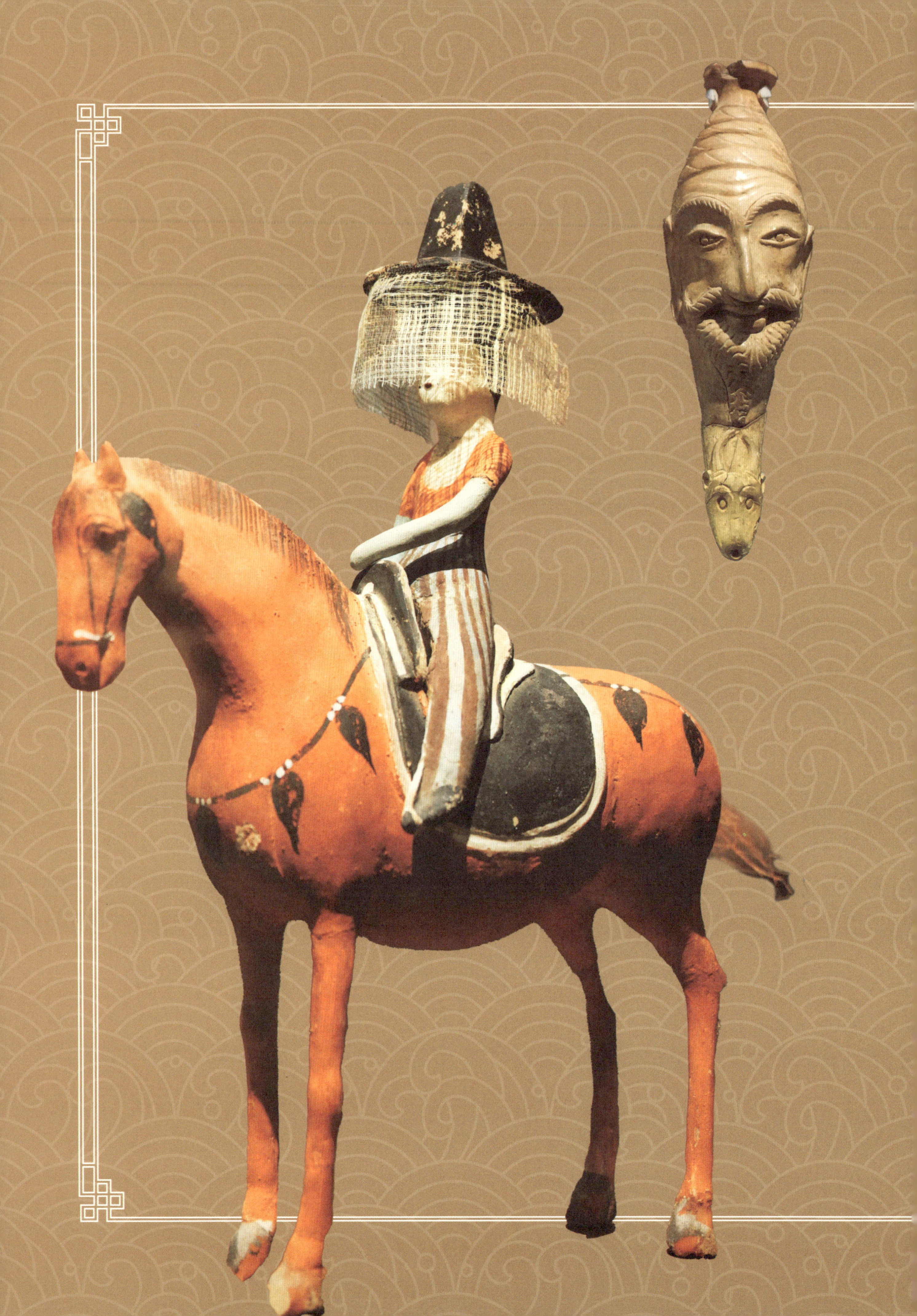

陶瓷器 CERAMIC WARE

彩绘骑马仕女俑

鬓云欲度香腮雪，盛唐美人策马来

国宝名称：彩绘骑马仕女俑
所属年代：唐
出 土 地：吐鲁番阿斯塔那墓葬群216号墓

仕女身着橘黄色低领短袖襦衫，低领的设计在唐代较为常见，展现出女性的颈部线条和一定的胸部肌肤，体现了唐代开放的社会风气。

这件彩绘骑马仕女俑1973年出土于吐鲁番阿斯塔那墓葬群216号墓。

仕女肤白唇红，面庞圆润，符合唐代以丰腴为美的审美标准。透过破损的垂纱可以窥见她的妆容：敷粉抹脂、贴花钿、涂唇脂等，体现了唐代西域女子的化妆习俗。她头戴一顶垂纱帷帽，身着橘黄色低领短袖襦衫，下身为竖条纹长裤，骑着绛红色的马，马身上有线条勾勒的装饰。

这件骑马仕女俑再现了唐代西域女子头戴帷帽骑马出行的情景，反映出骑马出行是唐代贵族女子的休闲方式之一，也体现了我国丧葬文化中厚葬制度的严谨。这些仕女俑作为随葬品的一部分，不仅是对逝者生前生活的一种模拟和再现，也是当时社会经济繁荣、文化昌盛的一个缩影。

这件彩绘骑马仕女俑采用手工泥塑彩绘工艺制成，虽历经岁月，仍留存部分色彩，且色彩搭配和谐。仕女面容秀丽，肤色白皙，唇色红润，尽显唐代女性的健康之美。她头上梳着高耸的发髻，身着贴身窄袖衫，衣领开口较大，这从侧面体现出当时社会思想开明、风气开放。唐代女性不仅能参与户外活动，甚至能外出骑马。

仕女下身穿着竖条纹长裤，这种长裤既便于骑马活动，又具有独特的时尚感。竖条纹的设计在视觉上还有一定的修身效果。

戴帷帽曾是西域女子的独特喜好。由于西北地区风沙较大，西域女子出门时习惯佩戴帷帽。帷帽主体以质地较硬的藤条或席片做骨架，蒙上布帛，在帽檐处缀上一圈长度与颈部相仿的纱网。纱网轻掩娇容，半遮半现，为这位仕女增添了几分神秘韵味。

马的肌肉线条流畅，鬃毛整齐，尾巴自然下垂，细节处理得非常细腻。毛色鲜艳，呈棕红色。身上的装饰主要以黑色勾画，简洁有趣，增添了生动活泼的气息。

器物小知识

婀娜多姿的仕女俑

欣赏完前面意气风发的彩绘骑马仕女俑，是否觉得意犹未尽？唐代女性的自信与洒脱生动反映了大唐的社会风貌与文化气象。她们姿态各异，或优雅端坐，尽显娴静之态；或翩翩起舞，身姿轻盈曼妙，衣袂飘飘；或纵马挥杆，投身激烈的马球运动，洋溢着蓬勃的活力与自信。现在让我们坐上时光机回到大唐，欣赏这些有着蓬勃活力的美人吧。

站立仕女

这件灰陶女俑造型展现了盛唐仕女“大髻宽衣”“以丰腴为美”的形象。女俑右臂抬至胸前，指上停着一只小鸟，左手平举，目光温和，神情安详，尽显雍容娴雅之态。蓬松的头发在头顶挽成发髻，衬托出满月般丰润的脸庞。

灰陶加彩仕女俑（唐，台北故宫博物院）

三彩梳妆女坐俑（唐，陕西历史博物馆）

梳妆仕女

这尊仕女俑发髻高挽，上身着酱色袒胸窄袖短襦，下配绿色百褶裙，裙下微露红色云头履。她左手半握举于胸前似持镜照面，右手伸出手指，仿佛正要点缀额头。

跳舞仕女

这位仕女俑头梳双髻，显得俏皮活泼。她身材曼妙，表情沉醉投入，身穿长袖舞衣，左手高举过头顶扬袖而舞，仿佛能听见她身后来自盛唐的欢快乐声。

陶舞俑（唐，中国国家博物馆）

三彩马球仕女俑（唐，台北故宫博物院）

打马球仕女

女子双髻高耸，身着黄绿色翻领窄袖的束腰长衫，稳坐于马上。头部微倾，左手似在勒缰，右手呈握杆击球状。

缤纷多元的唐俑

拓展话题

唐朝是一个辉煌灿烂、文化多元的时代，生动鲜明的陶俑以缤纷多元的姿态展现在我们面前，成为我们窥探大唐盛世的奇妙窗口。比如杂技俑，生动呈现了叠罗汉等精彩的杂技表演；载乐骆驼俑传达出西域胡乐的自由欢快；还有狩猎俑，从侧面传递出万国来朝、豪迈大气的盛唐风气。透过这些鲜活的形象，我们得以穿越时空，领略那个时代的缤纷多彩。

三彩绞釉陶狩猎骑俑（唐，陕西历史博物馆）

杂技俑

叠置伎，即当下的“叠罗汉”，俗称“码活”，是唐代新出现的杂技项目。这组杂技俑形态逼真，底部力士双目圆睁，腹部鼓圆，头顶六童子，动作惊险。最上面的童子做出撒尿的姿态，十分滑稽，令人发笑。此类题材的三彩制品较为稀少，真切呈现出唐代杂技的高超技艺。

三彩叠置伎（唐，西安博物院）

狩猎俑

这件俑右手托着鹰，左手拿着食物，目光凝聚，神情惟妙惟肖，马鞍后方还放置着一只猎物。在唐代，放鹰狩猎是一种娱乐活动，尤以唐太宗与唐玄宗时期为盛。

载乐骆驼俑

这件陶俑表现了一头骆驼上的移动歌舞乐团。骆驼的驼峰上架平台，台子披一菱格花纹毛毯，上施以红、黄、蓝三色相间的釉色，色彩斑斓，自由流淌，显得华丽又庄重。

三彩载乐骆驼俑（唐，陕西历史博物馆）

人首微笑牛头陶饮器

笑而不语的饮酒器

国宝名称：人首微笑牛头陶饮器
所属年代：唐
出 土 地：和田市约特干遗址

这件人首微笑牛头陶饮器高19.5厘米。1976年出土于和田市约特干遗址。它的造型源自来通杯（rhyton），是流行于亚欧大陆的古老饮酒器，同时，反映了唐代丝绸之路东西方文化之间的交流。这件陶饮器造型极为独特，上部分为人首，头戴高顶螺帽，眉毛隆起，鼻梁高挺，胡须外卷，面部特征带有异域风情；下部分是牛头，牛眼圆瞪，牛嘴制作成小圆孔，正是液体流出之处。上下两部分内腔相通，用于盛装酒水。

牛头紧紧连接人首颈部并微微上翘，牛眼圆睁，双目炯炯有神，使牛头的形象更加栩栩如生。虽有部分裂缝，但无损其独特魅力。

这件陶饮器上部分为人首形，下部分是牛头状，底部带小圆孔，上下两部分内腔相通。人首巧妙地融合在牛头之上，轮廓清晰，线条流畅，为整件器物增添了独特的韵味。整件器物色调较为柔和、协调，带有古朴神秘的气息。

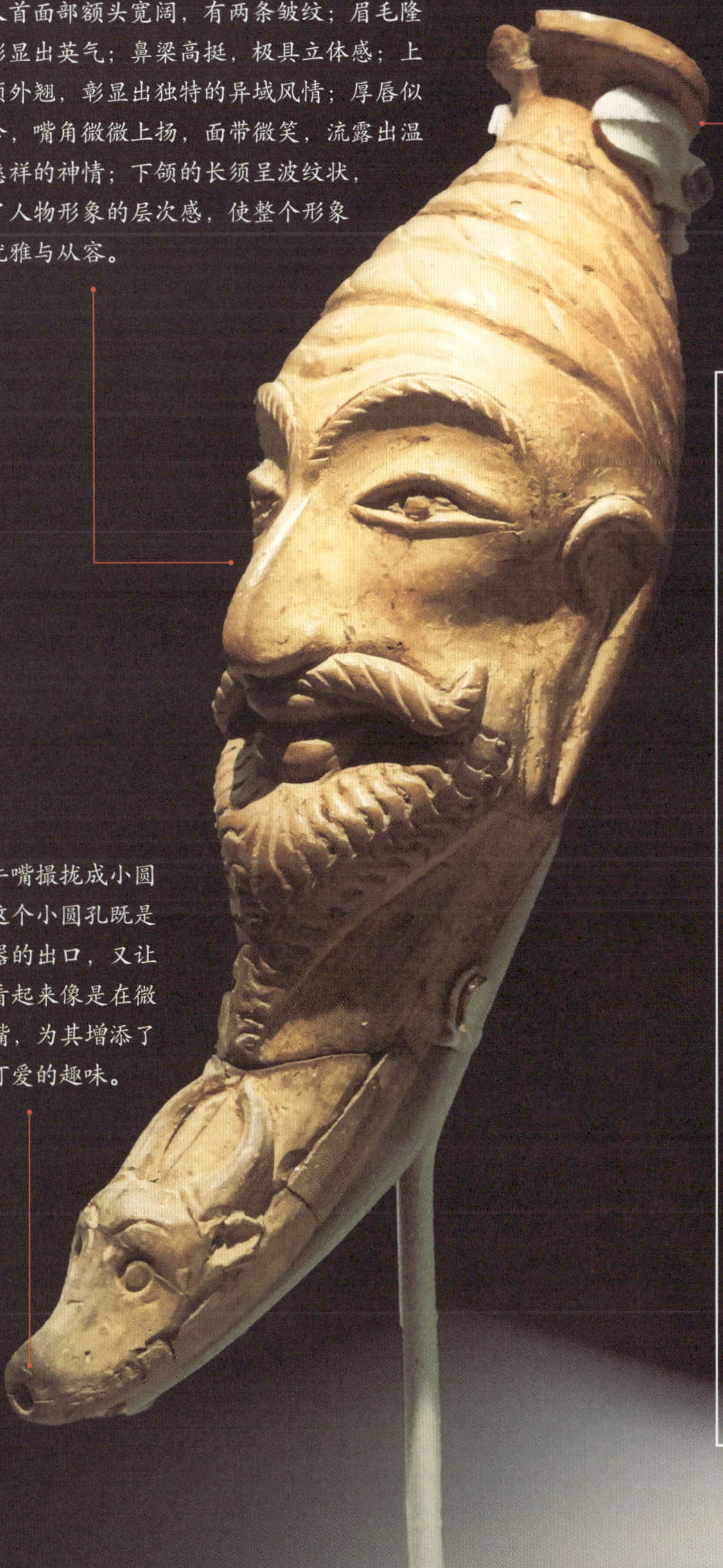

人首面部额头宽阔，有两条皱纹；眉毛隆起，彰显出英气；鼻梁高挺，极具立体感；上唇胡须外翘，彰显出独特的异域风情；厚唇似合非合，嘴角微微上扬，面带微笑，流露出温和、慈祥的神情；下颌的长须呈波纹状，增加了人物形象的层次感，使整个形象更显优雅与从容。

人首头戴高顶螺帽，螺帽造型规整，帽顶为注水口，器口部分有缺损。

牛嘴撮拢成小圆孔，这个小圆孔既是陶饮器的出口，又让牛头看起来像是在微微嘟嘴，为其增添了一丝可爱的趣味。

小提示

野猫半身角状杯（约公元前1世纪，美国大都会艺术博物馆）

本文物的造型参考了来通杯。“来通”一词是希腊语的音译，意为“流出”。来通杯是一种在亚欧大陆曾颇为流行的古老饮酒器具，最初很可能是用动物角制成的。在阿契美尼德王朝时期，来通杯被视作神圣的器物，人们认为从兽口中流出的液体不容侵犯，所以它主要应用于重要场合，由身份高贵的祭司使用，作为与神灵交流、向神灵致敬的酒具。

菊花卷草纹青瓷碗

碗里的『绿色植物』

国宝名称：菊花卷草纹青瓷碗
所属年代：宋
出 土 地：若羌县古墓

凹处呈墨绿色

凸起处呈青黄色

这件菊花卷草纹青瓷碗出土于若羌县古墓，高4.5厘米，口径10.2厘米，足径3.2厘米。

此碗为敞口、弧壁、深腹、窄底、矮圈足设计，线条优美流畅，构造显得沉稳大气。胎质灰白，质地细腻且坚硬。内外皆施釉，釉色丰富多样，口内以下为青釉，并伴有深绿色，口部的釉呈淡青泛黄色。碗内壁满饰缠枝卷叶菊花纹,内底心是菊瓣纹，相互交错，层次有序。

这件青瓷碗的釉色变化丰富，口部的釉色呈淡青中泛着黄色的微妙变化，形成了独特的视觉效果。青中微微泛黄，犹如春天新叶的颜色，清新自然，给人一种淡雅、柔和的视觉感受。碗内壁的印花图案更是精美绝伦，具有浅浮雕般的艺术效果。

缠枝卷叶菊花纹以圈圈形式展开，菊花姿态各异，有的横陈，有的挺立，相互交错，布局匀称。每一朵菊花的形态都栩栩如生，凹凸分明。纹饰凸起部分呈青黄色，凹处呈墨绿色，这种色彩上的对比使得层次更加清晰。整个图案布局严谨，富有立体感，充满绿色植物的生命力。

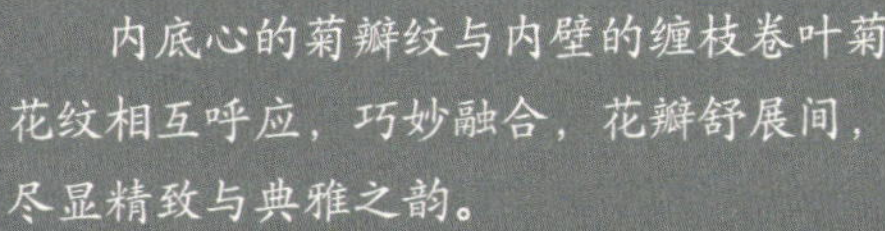

内底心的菊瓣纹与内壁的缠枝卷叶菊花纹相互呼应，巧妙融合，花瓣舒展间，尽显精致与典雅之韵。

器物小知识

清新明快的青瓷

看完前面的菊花卷草纹青瓷碗，你是否觉得眼前一亮？青瓷在我国陶瓷史上一直占据着重要地位，其色调清新明快，从淡雅的天青色到温润的粉青色，给人宁静之感。历史上还有以烧造青瓷闻名的窑口，如龙泉窑、耀州窑、越窑等。从古朴的碗碟，到精巧的瓶罐，造型多样，简洁中蕴含着灵动。下面让我们一起来领略不同窑口的青瓷吧。

汝窑 青瓷莲花式温碗（北宋，台北故宫博物院）

汝窑青瓷

北宋汝窑青瓷素有“青瓷之魁”美誉，胎体细浩，呈香灰色，有酥油般质感。这件莲花式温碗为同型器中唯一传世之品。器型仿自金银器，是当时南北窑场均有烧制的类型。全器施青釉，釉质匀净润泽，色泽蓝中透青，整体气质静谧典雅，堪称陶瓷工艺的经典之作。

龙泉窑青瓷

龙泉窑青瓷素有“青如玉、明如镜、声如磬”的美誉，以粉青和梅子青最为著名，前者釉色淡雅柔和，后者浓翠莹润，宛如翡翠。该瓶釉色厚而均匀，色调绿中泛黄，温润细腻，尽显龙泉窑青瓷釉色之美。

龙泉窑 青瓷拱花花卉纹凤尾瓶（元，台北故宫博物院）

耀州窑 青瓷划花牡丹纹碗（北宋，台北故宫博物院）

耀州窑青瓷

耀州窑青瓷以胎薄质坚、色泽青幽淡雅，装饰上以刻花、印花精美为特点。此碗全器施有橄榄色调的青釉，是耀州窑青瓷的典型色泽之一，在斜刀处积釉色深。碗内的折枝牡丹纹线条流畅，构图精美，体现了耀州窑纹饰刻画犀利、生动逼真的特点。

哥窑 灰青釉圆碟（宋，台北故宫博物院）

哥窑青瓷

哥窑青瓷的特点主要为釉面布满开片，形成如金丝铁线、冰裂纹等独特纹路。此碟施有青瓷釉，釉色灰青，器表釉面带有深色的细纹开片，大小不一、疏密有致的纹片，增添了器物的艺术韵味。口沿部位由于釉层较薄，显露出一圈灰色边，形成“紫口”的特征。

瓷器上的植物纹样

瓷器上的植物纹样丰富多彩，除了文人喜爱的梅兰竹菊“四君子”图案外，还有莲花纹、牡丹纹、蔓草纹等。这些纹样或刻或绘，或繁或简，将古人对自然的喜爱和对生活的美好期许融入文物中，造就一件又一件的传世佳作。

粉彩牡丹纹长方盆（清，台北故宫博物院）

牡丹纹

这件瓷器整体以高温白釉为底色，上面施有柠檬黄釉。纹饰布局采用两两对称的方式，其中一面，先用黑彩勾勒出纹饰轮廓与叶脉，再以没骨笔法填充赭色的枝干和红、白、紫等不同颜色的牡丹图案，色调粉而不俗。另一面则工笔画紫兰。

粉彩萱草纹盆（清，台北故宫博物院）

萱草纹

这件花盆的器身以黄釉为底色，在两根褐色梅枝之间生长着几株萱草。其叶片以石绿绘制，花朵则是朱红之色，色彩搭配巧妙，整体呈现出缤纷醒目的视觉效果。萱草纹象征着母爱，古人常以萱草表达对母亲的感恩与思念之情。

洋彩番花纹纸槌瓶（清，台北故宫博物院）

番花纹

此瓶直口、长颈、圆腹、圈足，清宫将这类瓶型称作纸槌瓶。瓶身通体施白釉，分两段装饰，器颈与圆腹处分别彩绘番莲、银莲花、洋菊等西洋花卉，口沿和足底描金。装饰华丽，做工考究，是宫廷瓷器中的珍品。

青花山茶花纹如意耳扁壶（明，台北故宫博物院）

山茶花纹

如意耳扁壶始创于明代永乐年间，其独特的器型受到伊斯兰陶器及玻璃器的影响。这件扁壶全器皆以青花为饰，腹部的正反两面各绘有一株盛开的山茶。山茶花因其四季常青且花朵艳丽，一直有着吉祥、长寿的美好寓意，也象征着坚韧不拔的精神。

彩绘泥塑镇墓兽

神秘的守护神兽

镇墓兽的身体表面用黄、白和橘黄色绘出豹纹，色彩分布均匀且过渡自然，生动展现了豹子的野性与敏捷，增强了镇墓兽的凶猛气势。

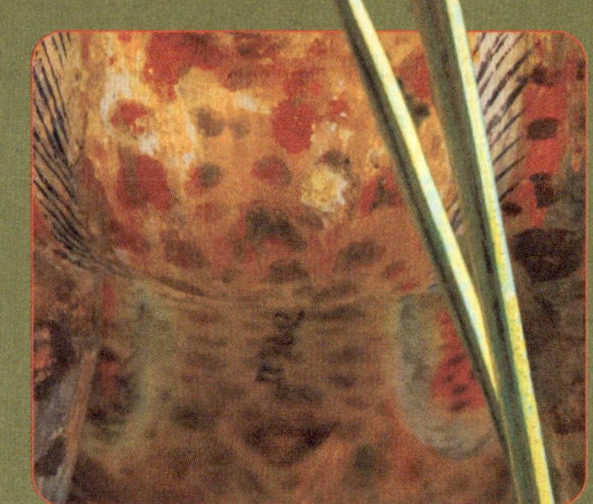

国宝名称：彩绘泥塑镇墓兽

所属年代：唐

出 土 地：吐鲁番阿斯塔那墓葬群216号墓

这尊彩绘泥塑镇墓兽高75厘米。

1972年出土于阿斯塔那墓葬群216号墓，材质为彩绘泥塑。造型独特，堪称“四不像”：头部为狮首模样，獠牙外露，怒目圆睁，两侧双耳直立；身体为豹身，蹲坐于地，前肢直立，后肢弯曲，牛蹄形足。该泥塑制作工艺复杂，采用堆、压、捏及局部贴片等方法塑形后再涂上矿物颜料。由于吐鲁番地区气候常年炎热干燥，彩绘泥质镇墓兽虽历经千年，但其塑像本身及色彩均保存完好，鲜艳如初。

镇墓兽最早可追溯至战国，在魏晋至隋唐时期广泛流行，是古人“发明”的陪葬冥器，作用在于震慑鬼怪、保护死者灵魂不受侵扰。它的出现，有力地反映了中原汉族丧葬文化对西域生活习俗的深远影响。

这尊彩绘泥塑镇墓兽色彩斑斓，眼睛、鼻子以及须毛均施蓝彩，蓝色在古代文化中常与神秘、深邃相关联，这一抹蓝色让狮首更具神秘色彩。整件文物造型独特，饱含寓意，狮首豹身、牛蹄狐尾，其牛蹄形的足坚实有力，稳稳地支撑着整个身体，给人一种坚如磐石的感觉，寓意着镇墓兽能够牢牢地守护着墓葬的安宁。头顶、双肩、后脊带有蓝绿色叶片状的装饰，使得整个镇墓兽于威猛中带着一点可爱。

狮口大张，锋利的獠牙外露，仿佛随时准备发出震天动地的咆哮，威慑一切邪祟。怒目圆睁的双眼，透露出一种令人胆寒的气势；两侧的耳朵高高竖起，如同灵敏的雷达，时刻捕捉着周围的动静。脸颊上的鬃毛向上翘起，增添了几分凶悍之感；颌下的三撮须毛，又为其造型增添了一丝生动。

尾巴贴身上翘，用黄、绿、蓝等色彩绘出细密的鬃毛，色彩斑斓且富有层次感，使镇墓兽在威严中增添了一丝灵动，避免了造型的单调。

彩绘泥塑镇墓兽侧面图

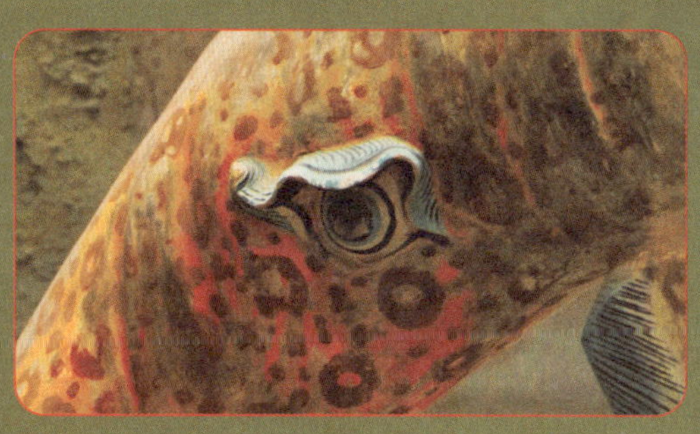

镇墓兽腰部两侧各有一只眼睛，这一独特的设计寓意着“眼观六路，耳听八方”，镇墓兽能够全方位地监视周围的环境，不放过任何一丝威胁。

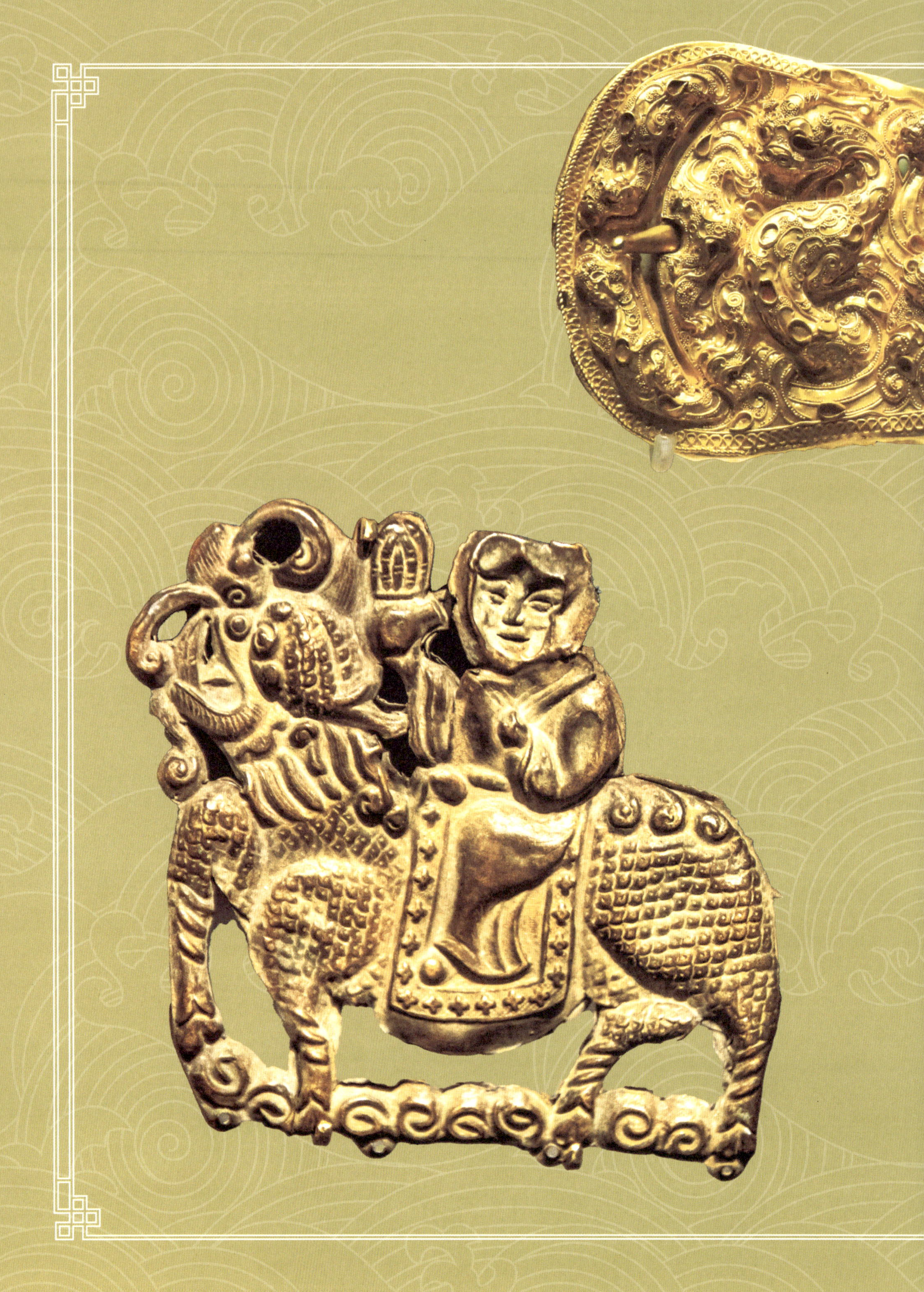

金属器

METAL WARE

八龙纹金带扣

西域焉耆王的皮带扣

这件八龙纹金带扣扣孔窄小，靠近前端有环孔，并装有可活动的扣舌，扣舌较短，用以扣住腰带。

国宝名称：八龙纹金带扣

所属年代：汉

出 土 地：新疆焉耆县博格达沁古城金疙瘩墓

这件八龙纹金带扣长9.8厘米，宽6厘米，重约50克。1975年出土于新疆焉耆县博格达沁古城金疙瘩墓，是由黄金打造的汉代遗物。整器造型方尾圆首，呈马蹄形，由金质模压锤揲成型，表面凹凸起伏，富有立体感。扣面凸显1条大龙和7条小龙，在激流旋涡间翻腾跳跃，动感十足。龙身多处镶嵌绿松石和红宝石，虽多数已脱落，但仍能想象出其昔日的璀璨。带扣工艺复杂，采用了造模、锤揲、镶嵌、焊接等多种工艺。

“八龙”代表身份仅低于皇帝的皇叔、皇子或获重要权势的王公贵族。八龙纹金带扣的出土地曾为焉耆古国，焉耆地处天山南麓丝路咽喉要地。这件彰显身份的金带扣是汉代为有效治理西域，赏赐给焉耆王公贵族的政治礼物。

这件八龙纹金带扣采用金质模压锤揲成型，再运用金丝盘绕、宝石镶嵌、金线焊接、炸珠等细金工艺制成，体现出当时极高的金属加工水平。带扣上的“八龙”设计融合了中原龙图腾的象征意义与西域艺术风格。大龙居中，小龙环绕，群龙戏水，首尾相顾，扬爪摆尾，充满动态美感，体现了汉代工匠对自然力量的想象与艺术表达。

金质表面通过锤打形成浮雕效果，绿松石与红宝石的镶嵌进一步增强了装饰性。这种工艺既保留了中原传统的金属加工技术，又融入了具有西域风格的宝石装饰。

在不到60平方厘米的面积内，以精湛工艺打造出8条形态各异的游龙，龙身花纹和水波纹用细若发丝的金线焊接，勾勒出精致图案，还缀满均匀整齐、光洁清晰的小金珠，每一处细节无不展现出精湛的工艺水平和独特的审美情趣。

小提示

玉镂雕鱼龙纹带扣
（元至明，台北故宫博物院）

带钩是古代中原地区贵族用来束腰的物件，是身份与地位的象征。材质多为青铜，也有用黄金、白银、铁、玉等制成的。带钩由钩头、钩身和钩钮构成，用来衔接腰带两端，与现在常见的腰带造型有别，功能却类似。

古人配饰知多少

前文中做工繁复奢华的八龙纹金带扣是否让你叹为观止？古人的服饰文化博大精深，配饰更是独具魅力。从束紧衣衫的精致带钩，到点缀发间的华美簪钗、冠帽……它们不仅有着实用功能，更是身份地位、审美情趣的体现，每一件都蕴含着独特的文化内涵与历史价值。下面让我们一起来欣赏下古人的各种配饰吧。

头饰

古代头饰是身份与礼仪的重要象征，女性多以簪、钗、步摇等点缀发髻。金钗缀珠显华美，珠花轻灵雅致，钿子配点翠工艺尽显雍容。材质从玉到金，工艺从累丝到点翠，繁复多变，既反映等级观念，又承载着传统文化与审美意趣。

嵌宝石孔雀金簪
（明，首都博物馆）

碧玺翠玉嵌珠莲花帽花
（清，台北故宫博物院）

点翠嵌玻璃珠钿子
（清，故宫博物院）

镂空嵌宝金累丝石榴香囊
（清，台北故宫博物院）

银錾刻花卉动物纹“ss”“良”款腰带
（清，广东省博物馆）

镶宝石带扣
（清，台北故宫博物院）

腰饰

腰饰是服饰搭配的点睛之笔。带扣造型多样，多数以金属、玉石制成，束于腰间尽显英气；香囊，玲珑小巧，内装香料，香气幽幽萦绕；清代还出现了款式新潮的腰带，一改以前婉约秀气的风格。这些腰饰，为古人的风姿添彩，各有风情。

拓展话题

金镶九龙戏珠手镯（清，故宫博物院）

金缠钏（北宋，易县文物保管所）

银鎏金累丝嵌珠石指甲套（清，故宫博物院）

手饰

常见的手饰有环于手臂的臂钏，材质、造型多样的手镯，以及修长精致、多以金、银、玉石等材质制成的指甲套等。

东珠朝珠（清，台北故宫博物院）

累丝镶白玉双龙戏珠金项圈（清，首都博物馆）

项饰

项圈以金、银或玉石制成，缀璎珞、嵌宝石，象征富贵，多用于护身祈福；朝珠为清代官服的配饰，以珊瑚、翡翠、琥珀等108颗珠子串成，搭配记念、背云以区分官阶。项圈常见于民间婚嫁仪式，朝珠专属宫廷礼仪，材质工艺与佩戴规范皆彰显身份等级。

虎鹰嘴怪兽搏斗饰牌

猛兽搏斗的精彩场面

狼噬牛纹金牌饰
（战国，中国国家博物馆）

小提示

猛兽搏斗类纹饰起源较早，商周时期的青铜器上有猛兽纹饰，如虎噬人等，彰显威严与权力。战国至汉代，这类纹饰流行于北方草原地区，如匈奴、东胡等游牧民族，常出现在金属牌饰上，展现其狩猎生活和尚武精神；汉代时，在西域地区也较为常见，融合了当地文化特色，体现民族交流融合。

左侧是一只站立的虎，低首垂尾，身体微微蜷缩，面对怪兽的凶猛攻击，显出无奈与颓丧。它的姿态与怪兽形成了鲜明的对比，仿佛在这场力量的对决中已然甘拜下风。

国宝名称：虎鹰嘴怪兽搏斗饰牌
所属年代：汉
出 土 地：吐鲁番市交河故城沟北墓葬

这件虎鹰嘴怪兽搏斗饰牌于1994年出土于吐鲁番市交河故城沟北墓葬。它以金箔为原料，经模压、锤揲工艺精心打造而成，呈现出精妙的半浮雕状。饰牌以动态构图展现鹰嘴龙身怪兽与虎的搏斗瞬间，怪兽占据画面右上方呈攻势，虎位于左下方呈守势，两者姿态对比强烈，充满戏剧张力。鹰嘴怪兽的造型可能是“格里芬”的变体，即斯基泰艺术中的形象，证明当时交河故城与欧洲之间已经存在艺术交流。

这种虎兽搏斗撕咬的纹样被称为“鄂尔多斯艺术风格”，常见于北方草原游牧民族的装饰中。交河故城作为车师前国都城，是丝绸之路的北道重镇。此饰牌出土于此，印证了汉代西域绿洲城邦与草原游牧族群、中原汉文化，乃至亚述、希腊等地区有着深度互动。

这件虎鹰嘴怪兽搏斗饰牌集草原勇武精神、中原祥瑞观念与西域神话想象于一体，其精湛工艺与独特纹饰堪称汉代欧亚文明交融的微观缩影。以金箔模压、锤揲而成，呈半浮雕状，这种工艺使得饰牌具有立体感和层次感，生动地展现出图案中的形象。饰牌塑造的怪兽的凶悍与虎的颓丧形成鲜明对比，构思精巧，右上为一只鹰嘴、龙身、鹰爪的怪兽。

怪兽的鹰嘴正狠狠啄向虎，展现出一种凶猛而霸气的姿态。通体覆盖鳞甲，背生三支卷曲脊鳍，融合水陆空生物特征，凸显神话色彩；鹰爪锋利，一爪紧扣虎面部，另一爪似欲压制虎身，展现压倒性力量；姿态呈“C”形曲线，强化搏斗的激烈感。这种身上有鳞纹、后背有双翼的形象可能受到西亚、古希腊文化中格里芬的影响，通过草原丝绸之路传入中国，体现了古代欧亚大陆间的文化交流。

土尔扈特银印

回归祖国的『印证』

这10枚银印是通过范铸技术浇铸而成的。仔细观察可以发现，每枚银印的虎足与底座都有明显的焊接痕迹，由此可知，虎钮和底座是分开铸造后再焊接成一个整体的。从铸造方法的可行性来判断，虎钮应该是用两块范来铸造的。银印浇铸完成后，会先进行抛光处理，这使得银印整体看起来平整光滑，抛光后才在其他6处位置錾刻铭文。

国宝名称： 土尔扈特银印
所属年代： 清
材　　质： 银

这组土尔扈特银印一共10枚，通高7.6厘米，长10.7厘米，宽10.7厘米，重4.4千克。

这些印章其中8枚于1962年被征集到新疆维吾尔自治区博物馆，是清政府对东归的土尔扈特蒙古诸部首领封爵赐印的历史物证，乾隆四十年（1775年）九月制作并颁发。银印为方形，铸有蹲虎印钮，后足卷缩，前足支撑地面，腹下空洞为钮穿，造型机警精巧，颇具动态。其底部用满、蒙两种文字刻出印文与监造机构，铸造年号及编号则仅用汉文楷书刻于印侧。

这组印章见证了土尔扈特部历经艰难回归祖国的伟大壮举，体现了中央政府对边疆少数民族的有效管辖，也彰显了中华民族强大的凝聚力和向心力。

满文“礼部造”印章背后为汉字楷书，意思同为“礼部造”。

这组土尔扈特银印整体呈冷灰金属色，印体厚重，工艺精湛。其表面有明显的使用痕迹，见证了漫长的历史变迁，古朴中透着历史的厚重感。形制规整，具有鲜明的特点。底座为正方形，坚实稳重。虎钮造型尤为生动，虎呈蹲坐状，姿态自然。银印上的纹路雕刻精细入微，线条流畅自然，层次丰富。印文中的“忠诚”“归顺”等词汇，反映了清朝“因俗而治”“恩威并施”的边疆政策。

虎的体型较为肥壮，看起来憨厚可爱。拥有两小短耷耳，大宽眉，且眉心中间有一圆，大凸眼、扁平鼻，鼻子两侧还刻有细长的虎须，嘴的长度与眉眼一致。身上布满数排短细阴刻线，其间点缀着“S”形纹，整体造型精美且富有艺术感。

土尔扈特银印底面图

印面为满文和蒙古文合璧，例如“乌讷恩苏珠克图旧土尔扈特部卓里克图汗之印”，“乌讷恩苏珠克图”意为“忠诚的”，“卓里克图”意为“英勇的”，所以印文整体含义为“忠诚的旧土尔扈特部英勇之王”。

土尔扈特部为古代中国蒙古族部落，原本在新疆塔城一带活动，明末时西迁到伏尔加河流域游牧。1771年，因难以忍受沙俄压迫，在首领渥巴锡的带领下，17万人长途跋涉东归。他们克服重重困难，突破沙俄阻拦，半年后到达伊犁，人员伤亡超半数。乾隆皇帝在承德避暑山庄接见渥巴锡，还撰写碑文记录了此事。

器物小知识

盘点那些独特的印章

印章文化源远流长，有不少独特之作。除了前文的土尔扈特银印，历史上还出现过许多有意思的印章。这些独特的印章，或材质珍贵，或形制特殊，或工艺精湛，比如，田黄石印章，质地温润凝腻，色泽莹润，是印章中的珍品。还有多面印、陶瓷印这些颠覆印章刻板形式的特殊种类。下面我们来欣赏一下这些独特的印章吧。

『荣宪公主之印』水晶印（清，内蒙古博物院）

独孤信多面体煤精组印（西魏，陕西历史博物馆）

剔透的水晶印

这枚水晶印是荣宪公主权力的最佳注解，是荣宪公主在乌尔衮征战期间，代理旗务、签署文件时所使用的。水晶印章呈方柱状，一只小狮子立足其上，栩栩如生，象征着公主的勇敢与智慧。

独特的多面印

这枚多面体印章由煤精石精心刻制而成，拥有26个面，其中涵盖18面正方形与8面三角形。此印章的主人正是西魏八柱国之一、鲜卑族上层人物独孤信。印章上刻有“公文用印”“上书用印”等印文，是研究当时政治、军事制度的重要参考资料。

雕兽钮循连环田黄印（清，台北故宫博物院）

洁白的陶瓷印

这枚白瓷方印颇为独特，印钮雕琢成双獾依偎伏卧之态，线条柔和圆转，双獾惬意的神态被刻画得细致入微。因“獾”与“欢”同音，双獾常寓意家庭和睦。印身与印钮皆施以凝厚莹白、滋润的白釉，这是福建德化窑独有的釉色。

德化窑 莹白双獾钮方印（明末清初，台北故宫博物院）

珍贵的田黄印

田黄石是寿山石中质地最为细腻、润泽的印材。这件印章为套印，一共9枚。这9枚田黄印石脂润莹洁，半透明，有的还隐约可见红、褐筋及萝卜丝纹，材质极佳且尺寸较大，十分难得。印钮各以不同异兽雕琢而成，打磨精细、刻工精湛。

文物里的可爱小动物

拓展话题

前文中土尔扈特银印中憨厚可爱的小老虎是否给大家留下了深刻的印象？文物里的小动物往往蕴含着深厚的寓意，例如土尔扈特银印上的小老虎就是在颂扬首领渥巴锡的英勇之举；象性格温驯，力大无穷，寓意太平有象、五谷丰登；再如蝙蝠，因“蝠”与“福”同音，象征幸福吉祥，等等。这些文物里的小动物，不仅是艺术的呈现，更承载着古人对美好生活的向往与期许。现在我们来重新认识一下这些耳熟能详的小动物都包含着什么寓意吧。

掐丝珐琅双羊尊（清，台北故宫博物院）

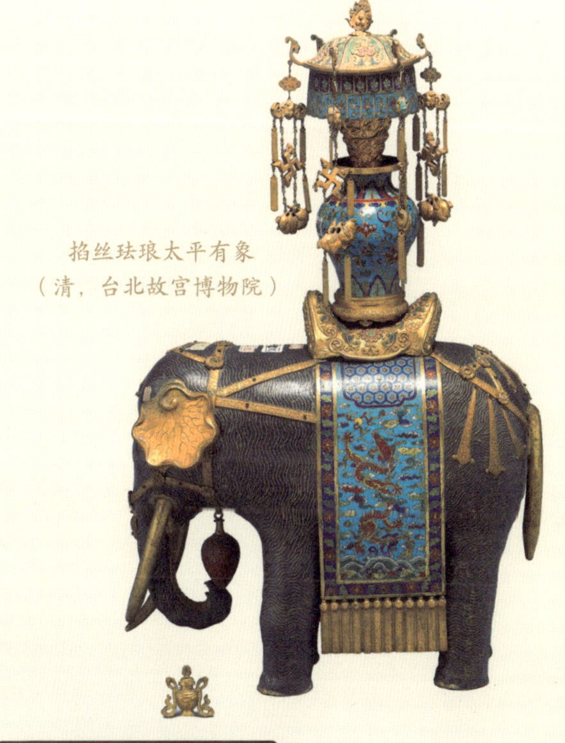

掐丝珐琅太平有象（清，台北故宫博物院）

寓意吉祥美满的羊

这件双羊尊为铜胎，呈现出双首羊背负圆鼎的形态。羊在中国文化中一直是温驯、善良的形象，也传递着吉祥的寓意，“羊”同“祥”，“吉羊”也就是“吉祥”。双羊尊造型独特，两只羊背对背联结为一体，寓意着和谐美满、福祉双至。

寓意天下太平的象

这件铜胎掐丝珐琅器，造型为大象驮瓶，取“太平有象”的吉祥之意。象体庞大，姿态沉稳。“象”与“祥”谐音，“瓶”与“平”同音，寓意天下太平、五谷丰登、平安吉祥。

寓意安乐长久的鸠

鸠车是一种儿童玩具，这件鸠车尊整体造型为鸠鸟与车结合的独特样式。其上掐丝细腻，珐琅色彩绚丽，装饰有丰富的纹样。汉代人视鸠为瑞鸟，因“鸠”与“久”“九”谐音，有“长久”“久安”寓意，传递出大人对孩子长久安乐的期盼。

掐丝珐琅鸠车尊（清，台北故宫博物院）

景德镇窑矾红釉描金蝙蝠形灯盏座（民国，广东省博物馆）

寓意洪福齐天的蝙蝠

这对灯盏座造型别出心裁，以蝙蝠为形，其上施矾红釉，色泽艳丽，再以描金工艺勾勒细节，熠熠生辉。“蝠”与“福”谐音，寓意福气满满、洪福齐天。

麒麟送子铜牌

古代祈子风俗的体现

国宝名称：麒麟送子铜牌
所属年代：明
材　　质：铜

这枚麒麟送子铜牌长5.7厘米，宽5.5厘米，规格小巧精致，以模压成型的工艺打造，两片合为一体，采用焊接工艺进行连接，形象清晰生动。整体造型为麒麟送子，麒麟身形矫健，四肢有力，展现出威严与祥瑞之气。麒麟身上的童子一改传统穿肚兜的孩童形象，在五官刻画方面更接近成人的表情。童子身穿长袍，眉眼带有笑意，正要为祈求得子的人们送去祥瑞。

“麒麟送子”这一主题寓意着早生贵子、子孙贤德，表达了人们对家族延续和后代成才的殷切期望。这枚铜牌的出现，证明了中原地区的民俗文化和吉祥寓意在当时已经深入传播到新疆地区，促进了文化交流。

这件铜牌由两片铜牌通过焊接合为一体，焊接技术保证了铜牌整体的稳定性和完整性。尺寸不大，但在细节刻画上极为用心，麒麟身上的鳞片清晰可见，富有层次感。童子手中握着象征平安的瓶子，五官与麒麟身上的鳞片因为出色的模压工艺而深刻生动，体现了当时较为成熟的金属加工技术。

童子身下有一块“十”字形镶边装饰的毯子，长袍上用寥寥几笔交代衣褶的走向。五官刻画清晰，眉眼间带着笑意，嘴角微微扬起，并未作过多夸张的表情。一改天真烂漫的孩童形象，表现手法较为特别。

麒麟的头部刻画细腻，鬃毛飘逸，弯曲有度，彰显出威严与神圣之感。麒麟周身的鳞片虽小巧却清晰可辨，鳞片的形状和排列因采用模印工艺而整齐有序，凸显出麒麟的威武不凡。其四肢矫健有力，正在祥云上行走。肌肉线条流畅自然，健壮有力，正稳稳地载着童子前进。

五彩麒麟送子罐
（民国，中国国家博物馆）

小提示

麒麟被视为祥瑞之兽，能带来子嗣和福气。麒麟送子的习俗最早出现在晋代，可追溯到晋代王嘉的《拾遗记》中。相传孔子诞生前，有麒麟吐玉书于其家院，玉书上写着“水精之子孙，衰周而素王”，预示着孔子的降生。此后便有了麒麟送子的说法。通常由麒麟、童子组成，麒麟融合了龙头、鹿角、麋身、马蹄、鱼鳞、牛尾等多种动物特征；童子天真可爱，或骑在麒麟背上，或手持莲花、如意等吉祥物。麒麟送子题材在民间艺术形式中广泛出现，如刺绣、陶瓷器、年画、漆器、木雕、银锁等。

织物

FABRIC

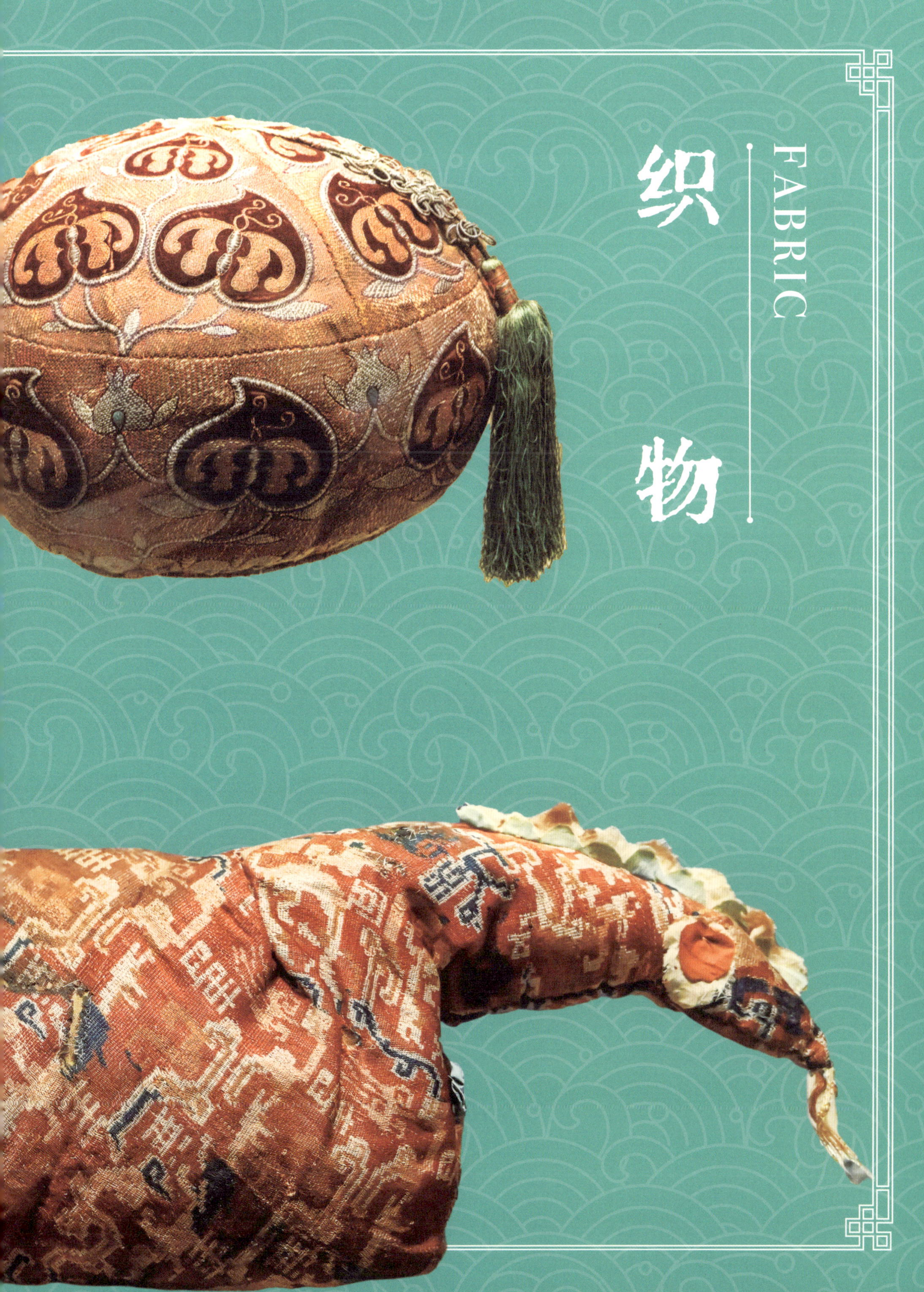

哈密王帽

是帽不是瓜

国宝名称：哈密王帽
所属年代：清
材　　质：丝绸

这顶哈密王帽呈圆柱形，平顶设计，帽檐宽大，给人一种沉稳、庄重的感觉。帽顶及帽檐四周都绣有精美的巴旦木、石榴、枝叶等图案，具有浓郁的民族特色，反映了当时的文化审美和艺术风格。帽顶中心挂有缨络，缨络上半部分为盘长结，下半部分为翠绿色的穗带，垂及帽檐底部，增加了帽子的灵动感。

哈密王帽是哈密王身份和地位的象征，体现了其在当地的尊贵地位和权威。哈密王帽是哈密地区历史发展的实物见证，反映了哈密王室在清代的统治以及当时的政治、经济、文化等方面的情况，有助于后人深入了解哈密地区的历史演变。

这顶哈密王帽使用的橘黄色丝绸质地柔软光滑，品质上乘，光泽度好，历经百年颜色依旧如新。针法细腻、均匀，图案的轮廓清晰，色彩过渡自然。帽子上的刺绣图案既体现了中原文化中常见的吉祥寓意，又融合了新疆地区的民族特色，是中原文化与新疆地区文化相互交流、融合的产物。

巴旦木纹又称“火腿纹”“佩斯利纹”等，其形象来源于新疆本土植株巴旦木，是维吾尔族装饰艺术的典型代表。帽子上的巴旦木纹整体呈桃形，与常见的巴旦木果核形状有相似之处，一端圆润，另一端微微弯曲且较尖，它象征着富足、丰收和吉祥。巴旦木纹既体现了对哈密王及其家族的祝福，也寓意着哈密地区繁荣富足。

石榴原产于中亚的伊朗、阿富汗等国家，汉代通过丝绸之路传入中国。石榴果实多籽饱满，有“榴开百子”的说法，象征着家族人丁兴旺、子孙满堂，体现了人们对家族延续和后代繁衍的美好期望。

小提示

在清代，“哈密札萨克和硕亲王”作为哈密地方的维吾尔族封建领主，被世人称作哈密王。从康熙三十六年（1697年）额贝都拉受封，到1930年回王沙木胡索特亡故，共传9世，长达233年。在漫长的历史进程中，哈密王曾多次参与平定准噶尔叛乱、平定大小和卓叛乱等。

古代男款潮帽

尖顶四棱形毛毡帽顶

联珠纹

云雁纹

国宝名称： 尖顶织锦皮帽

所属年代： 宋

出 土 地： 若羌县阿拉尔墓葬

这顶尖顶织锦皮帽通高31.5厘米，宽44厘米。1957年出土于若羌县阿拉尔墓葬，属于男款皮帽。以兽皮和细毡为主要材料进行缝制，帽顶呈独特的尖顶四棱形，帽面为织锦材质。帽下沿着兽毛皮缝制的部位可以向上翻卷和垂下。正面和护耳处均配有锦带，帽体通过精细的缝制工艺将兽皮、细毡与织锦完美结合，针脚均匀细密，牢固耐用，体现了当时工匠的精湛手艺。

帽子上的联珠纹和云雁纹织锦图案，是中国古代丝绸之路上文化交流与融合的产物，对研究中国古代纺织艺术、图案设计以及文化交流具有重要的价值。

这顶尖顶织锦皮帽将实用性与艺术性融合于一体。色彩搭配协调，纹样精美，选用的兽皮柔软且保暖性佳，细毡则质地细密，为帽子提供了良好的塑形基础，也增加了保暖效果。正面的锦带可绑在下巴处固定帽子，护耳的锦带则绑至后脑勺，亦可提起绑紧，使帽子的佩戴更加稳固，同时也增加了装饰性。毛毡、织锦、兽皮三者搭配得当，反映了宋代新疆地区的审美观念和时尚潮流。

帽顶形状独特，棱线分明，方中带圆，毛毡鼓起的四棱形结构使帽子整体呈现出挺拔、高耸的视觉效果，具有几何美感和立体感，简洁而规整。在古代新疆地区，冬季寒冷多风，帽子尖顶四棱形的设计有助于引导风雪从帽子两侧滑落，减少风雪对头部的直接侵袭，增强了帽子的保暖和防风性能。

云雁纹以云纹和雁纹为主要元素，以蓝地黄纹为表现形式，色彩对比鲜明却和谐自然。云纹线条卷曲灵动，雁纹则刻画细腻，形态逼真，大雁或展翅高飞，或俯冲向下，与云纹相互交织，形成一幅生动的画面。云纹代表着祥瑞、高升和吉祥如意。雁纹则与中国古代的礼仪、文化观念密切相关，大雁被视为忠贞、守信、团结的象征，同时也寄寓着游子的思乡之情。

联珠纹是由一个个小圆圈连接而成，排列整齐，形成一条连续的装饰带。圆圈大小均匀，具有很强的节奏感和韵律感。

器物小知识

各具特色的冠帽

读完了前文独特的哈密王帽和尖顶织锦皮帽，你是否还意犹未尽？冠帽，不仅是头部的装饰，其作为服饰文化的重要组成，在古代有着举足轻重的地位。正所谓：“礼仪之始，在于正衣冠。”其风格多样，特色鲜明。不同时代、不同用途的冠帽，或为身份象征，或具实用功能。从帝王尊贵的朝冠到游牧民族的皮帽，从昂贵闪耀的珍珠帽到天然朴素的竹编纱帽。让我们一起来欣赏那些闪耀在历史长河中的冠帽吧。

金丝翼善冠（明，明十三陵博物馆）

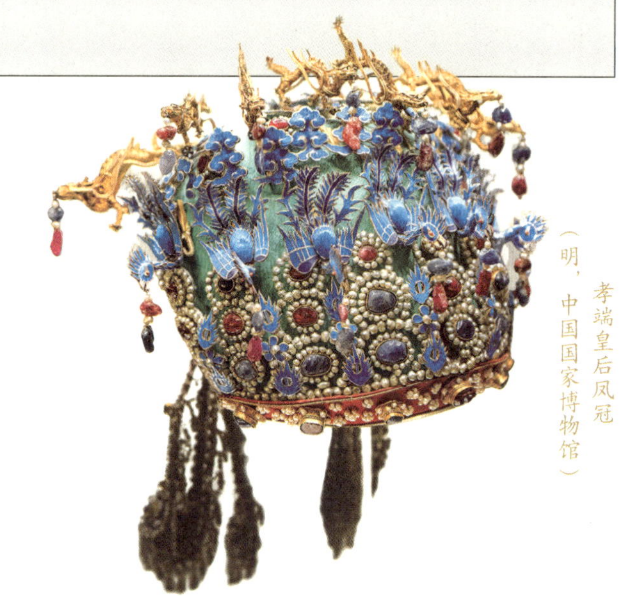

孝端皇后凤冠（明，中国国家博物馆）

璀璨的金丝翼善冠

整顶金冠集拔丝、编织、焊接等技艺于一体，质地为纯金，璀璨无比。它由前屋、后山和两角3部分组成。前屋由518根细金丝手工编结而成，轻盈如纱，疏密一致。后山前方装饰着生动的二龙戏珠配饰，龙鳞达8400片，均为单独制作后焊接组装而成。目前，金丝翼善冠在我国仅此一顶，是当之无愧的国宝。

奢华的皇后凤冠

这顶凤冠的主人是明代万历皇帝的孝端皇后，她每逢出席重大活动都会佩戴此凤冠。凤冠上镶嵌着100多颗天然宝石，还有5000多颗珍珠。此凤冠制作难度极高，运用了大量点翠、镶嵌、花丝、穿系等工艺，造型华美，彰显出当时工匠们精湛的技艺和卓越的审美水准。

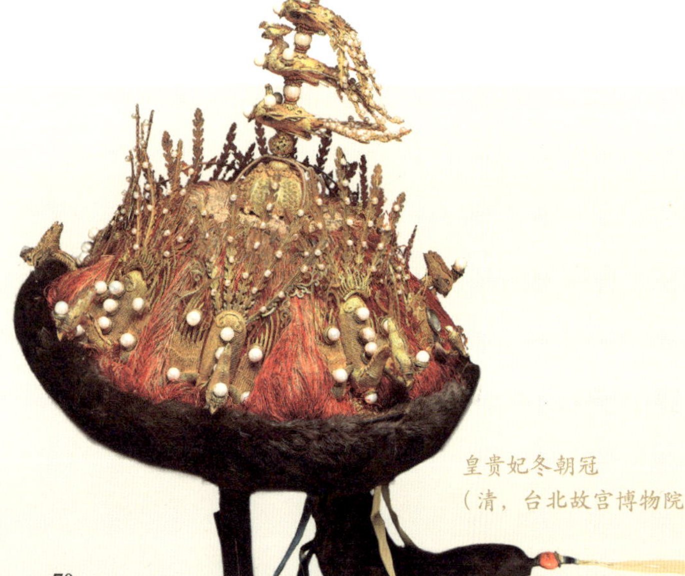

皇贵妃冬朝冠（清，台北故宫博物院）

庄重的冬朝冠

这件是清代皇贵妃于大典时着礼服所佩戴的朝冠，朝冠上嵌有猫眼石、珍珠等珍贵宝石，独特的色泽与光彩更显华美。同时，其制作工艺极为精湛，金凤、金翟等饰物活灵活现。整顶朝冠以黑色貂皮搭配朱红经线，黄金与珍珠色彩反差鲜明，凸显皇贵妃的尊贵身份与特殊地位。

嵌松石珍珠帽（清，台北故宫博物院）

独特的珍珠帽

这是一件来自西藏的清代珍珠帽。先用纸搓捻成线，然后将大小不一的珍珠串起来编织成帽，其间点缀着绿松石及金珠。帽口既宽且深，帽子上拴系着金质镶嵌绿松石的帽顶，绿松石细片切割规整，镶嵌工艺十分精细。帽胎颇为厚实，仅能看到皮制的衬里涂着暗红色的漆。《西藏图考》中记载：“富者则佩戴珍珠帽……有的价值可达千金。”

温暖的貂皮帽

此帽以黑亮的貂皮镶边，尽显奢华质感。其上覆盖着蓝色绸缎，绸缎表面精心装饰着珠翠宝石镶嵌而成的如意云首图案，璀璨夺目。帽顶则以鲜艳的红绒结扎，十分醒目。帽后垂下两条飘逸的飘带，由蓝色绸缎制成，其上压制着金银丝线，巧妙绣出日、月、云朵以及双龙戏珠的精美纹样，灵动而富有韵味。

黑貂便帽（清，台北故宫博物院）

鄂伦春猎民狍皮帽（近代，内蒙古博物院）

藏族竹编纱帽（清，上海博物馆）

朴素的竹编纱帽

此帽以竹条编制而成，竹条经过精细处理编织成型，结构精巧。帽身覆盖着纱质材料，轻盈透气。帽顶装饰有变形云纹样和吉祥字，具有浓郁的民族特色。

珍贵的狍皮帽

这件狍皮帽由完整的狍子头皮精心制作而成，保留了狍子的双耳和双眼，造型逼真。帽子上的毛发细密厚实，这种帽子保暖性极佳，适合鄂伦春族猎民在寒冷的山林中狩猎时使用。

『延年益寿大宜子孙』锦鸡鸣枕

千年前西域流行的『时尚单品』

国宝名称：“延年益寿大宜子孙”锦鸡鸣枕
所属年代：汉
出 土 地：和田民丰县尼雅遗址1号墓

这只“延年益寿大宜子孙”锦鸡鸣枕长50厘米，宽13.5厘米，高9厘米。1959年出土于和田民丰县尼雅遗址1号墓。采用“延年益寿大宜子孙”文字锦缝缀而成，整体造型以鸡形为参考，中部为鸡身，两端为相背的鸡首，人枕在中间时鸡头、鸡尾会高高翘起。民间相传，小孩睡鸡鸣枕可变得乖巧伶俐；死者枕鸡鸣枕，能让灵魂在鸡鸣声中保持清醒敏锐，还可庇佑子孙“闻鸡起舞”，激励后人奋发向前。

鸡鸣枕实物在营盘、阿斯塔那等墓葬中有较多发现，显示出了中原地区丧葬文化在西域地区的传播和影响。

“延年益寿大宜子孙”锦是东汉时期织法最复杂的一种：该锦虽由五色丝线组成，但每个区域的色彩均不超过3种。其经线密度为每厘米120～132根丝线，纬线密度是每厘米52～56根丝线，经纬线循环交织，提花综片数目繁多，淋漓尽致地展现出汉代精湛的丝织工艺。

国宝放大镜

这只“延年益寿大宜子孙”锦鸡鸣枕的枕芯为植物茎秆，轻便且具有一定的弹性和透气性。这只枕头尽显东西方文化交融的独特风貌：其织锦原料与葬俗源自中原，而两端鸡首的特殊形制深受西方文化影响。据推测，它的主人或许是精绝国的王室贵族。

此锦使用绛、白、宝蓝、浅驼、浅橙5种颜色的丝线织成云纹、茱萸纹、禽兽纹等图案。上面有隶书字体的“延年益寿大宜子孙”吉祥语句。

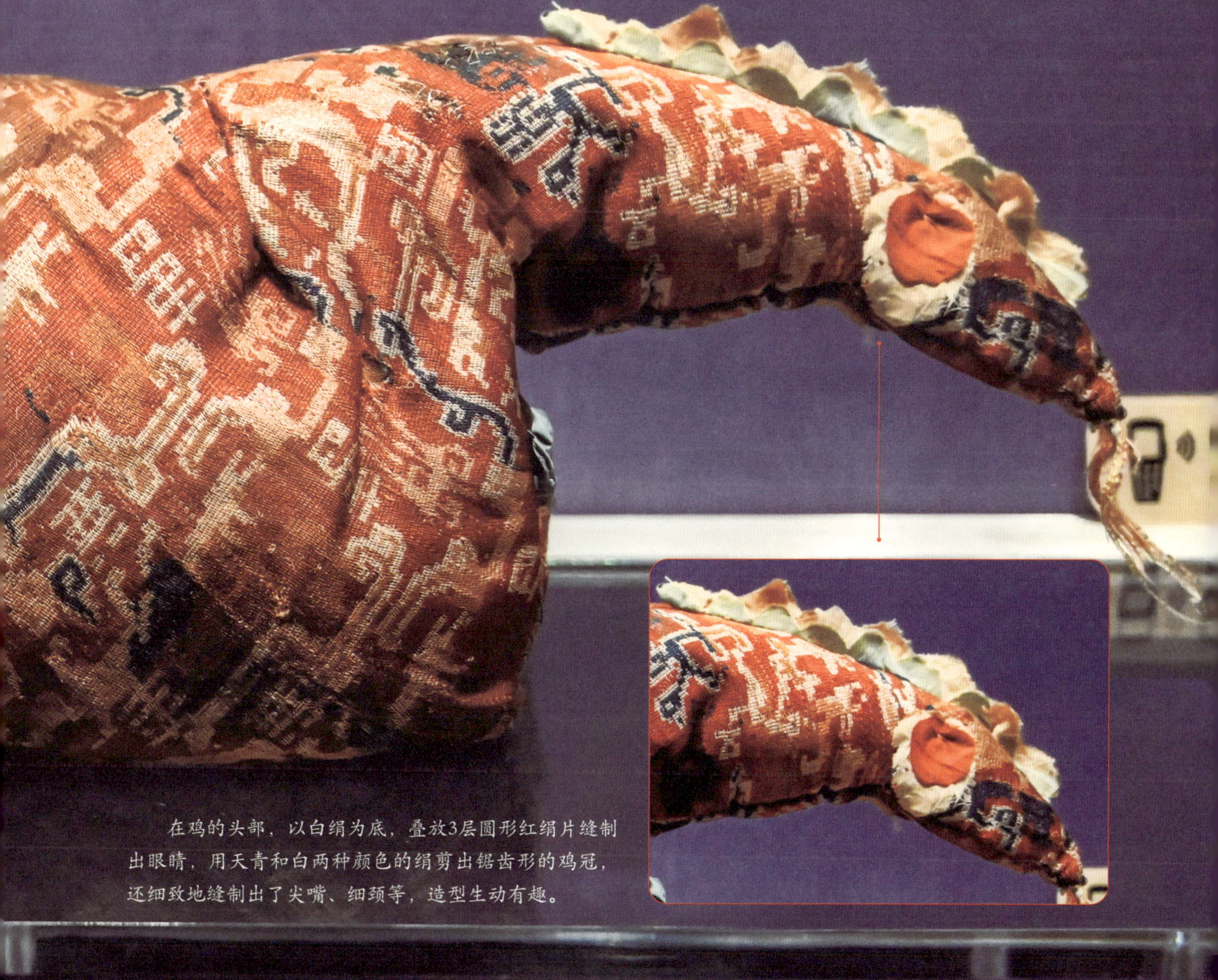

在鸡的头部，以白绢为底，叠放3层圆形红绢片缝制出眼睛，用天青和白两种颜色的绢剪出锯齿形的鸡冠，还细致地缝制出了尖嘴、细颈等，造型生动有趣。

"清凉一夏"的枕头

看完了上面柔软舒适的"延年益寿大宜子孙"锦鸡鸣枕，让我们把目光再投到古人常用的瓷枕上吧。瓷枕用途广泛，可用作生活中的睡枕、卧枕、腕枕，也可作为陪葬品，使用年代从隋代一直延续至清代。下面我们来欣赏一下这些古人睡觉时不可或缺的枕头有多精美吧。

定窑 白瓷婴儿枕
（北宋，台北故宫博物院）

婴儿枕

这件婴儿枕产自定窑，釉色牙白温润，白中带有淡淡的微黄。目前已知的白瓷婴儿枕共有3件，其中两件藏于台北故宫博物院，一件藏于故宫博物院。其中这件刻画最为精美。

戏曲枕

这件瓷枕雕镂成戏台形式，以戏剧舞台人物为主题，充分反映了元代戏剧广泛流行的历史面貌。戏台上有珠帘漫卷，在亭台楼阁、庭院回廊的布景之中，戏台内塑有人像18尊之多，各自有着不同的姿态和动作。釉色青白相间，色泽温润。

景德镇窑 青白釉戏剧舞台人物纹枕（元，首都博物馆）

磁州窑 虎形花卉纹枕
（金，广东省博物馆）

虎形枕

这件虎形枕呈卧虎形，虎头叠伏在前爪上，双目眈眈，虎身健硕，虎尾蜷曲融于虎身，整体造型生动逼真。虎身为黄褐釉色，以黑彩绘制虎皮斑纹，笔法生动活泼。传世的虎形枕主要源自河北磁州窑、河南禹州市扒村窑及山西长治窑，它们的风格较为接近，虎头的朝向有左向和右向之分，黄釉色的深浅也各有差异，而枕面则多为腰圆形。

拓展话题

磁州窑枕

磁州窑枕造型多样，有长方形、腰圆形、云头形等。这只瓷枕整器施白釉，并用黑釉描边，在枕面和枕壁上绘花鸟图画，形成白地黑花这种黑白分明的视觉效果。

磁州窑 白地花鸟纹枕
（金至元，台北故宫博物院）

唐三彩枕

这件印花枕造型规整，呈现出唐三彩独特的多彩风貌，以黄、绿、白等色为主调，色彩搭配和谐又富有层次感。枕面饰有印花图案，纹样精美细致，似雏菊纹样。即使是2000多年前制作的瓷枕，放在今天依旧让人眼前一亮。

唐三彩印花枕
（盛唐，台北故宫博物院）

钧窑 天青釉紫斑如意枕
（元，台北故宫博物院）

钧窑枕

这件瓷枕出自钧窑，带有窑变，十分难得。形似如意，中心略凹，周壁前高后低，两侧各有一个葫芦形孔，底部平整。其胎体坚实厚重，施天蓝色的乳浊青釉，釉面有细密的开片纹路及含铜红元素的紫红色彩斑，在天青色底釉的衬托下，纹样自然形成，妙趣横生。

树叶纹鞍毯

和田织物的核心技术之作

国宝名称：树叶纹鞍毯

所属年代：汉

出 土 地：洛浦县山普拉1号墓地2号殉马坑

靛青 牙色 赤色 柳绿 紫檀 缟色

这块树叶纹鞍毯长76厘米，宽74厘米。1984年出土于洛浦县山普拉1号墓地2号殉马坑，出土时盖在马鞍上，由此得名“鞍毯”。大小与家用小型餐桌桌面的大小相近，为平纹基础组织，以马蹄扣法栽绒，四角饰有流苏。使用红、棕、黄、白、蓝、草绿等多种颜色的毛线交织而成，色彩丰富且搭配和谐。图案以“回”字形结构从中心向外扩展，层次分明，具有很强的视觉效果。

它是我国迄今发现保存最为完好的古代出土地毯，证明了新疆地区早在2000多年前就已经有了高度发展的毛纺织业。2008年，新疆维吾尔族地毯织造技艺被列入国家级非物质文化遗产代表性项目名录，树叶纹鞍毯作为这一技艺的代表作品，凸显了其在中华文明中的文化地位和传承价值。

边框为几何纹样，简洁而规整，起到了很好的装饰和衬托作用，使整个图案更加完整。

这块树叶纹鞍毯色彩鲜艳丰富，精美的图案设计和协调的色彩搭配，形成了一种动态的视觉流动感。中心图案为小菱形纹内填充树叶纹，组成内框，外框四周有连续曲折线及大树叶纹样，边框为几何纹样，四角还垂有流穗，图案规整，工艺精湛。其制作工艺——栽绒技术，反映了古代新疆地区毛纺织技术的高度成就。

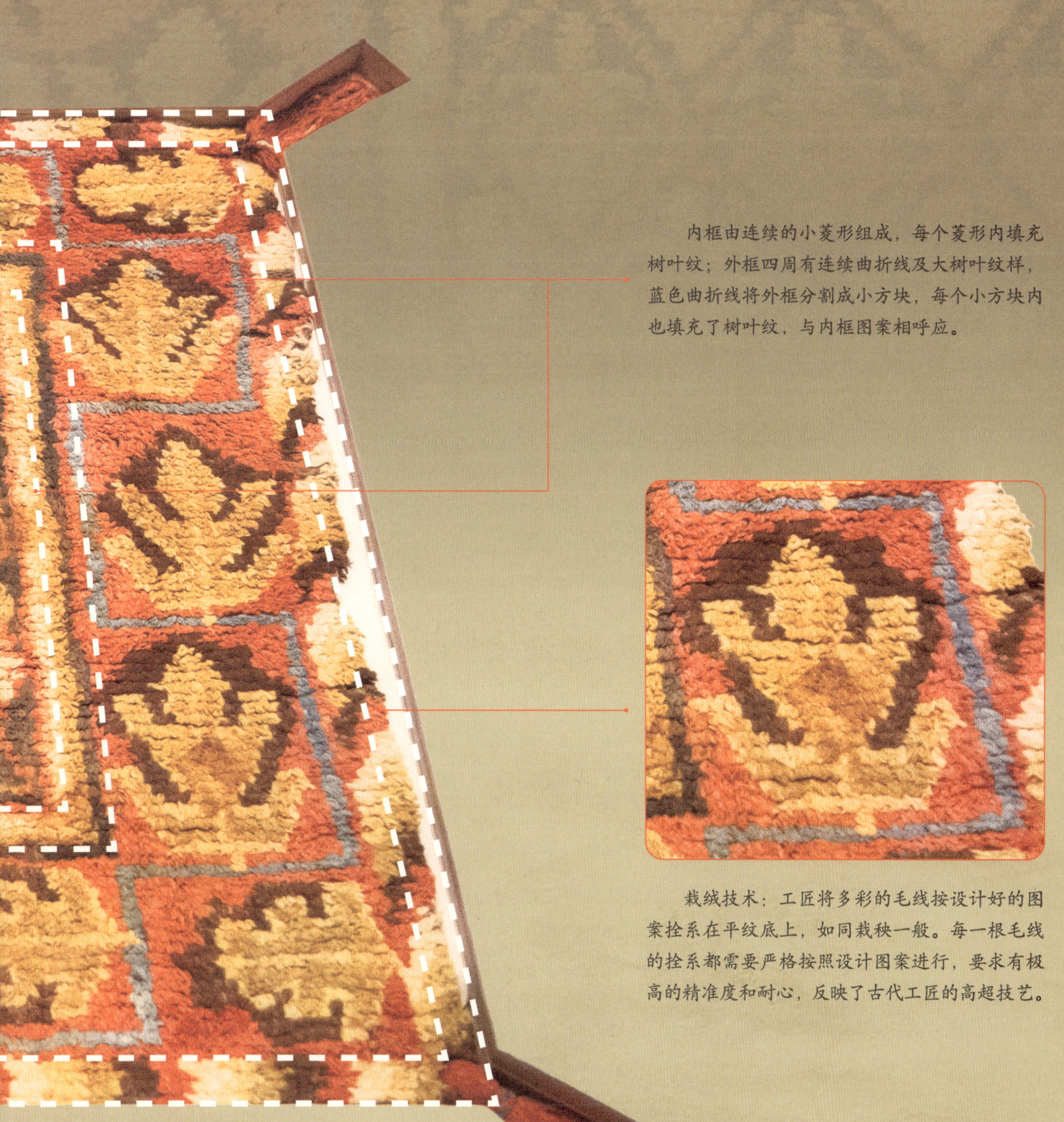

内框由连续的小菱形组成，每个菱形内填充树叶纹；外框四周有连续曲折线及大树叶纹样，蓝色曲折线将外框分割成小方块，每个小方块内也填充了树叶纹，与内框图案相呼应。

栽绒技术：工匠将多彩的毛线按设计好的图案拴系在平纹底上，如同栽秧一般。每一根毛线的拴系都需要严格按照设计图案进行，要求有极高的精准度和耐心，反映了古代工匠的高超技艺。

其他文物

OTHER ARTIFACTS

各类面点一组

一千多岁的点心

宝相花纹月饼，1972年出土于吐鲁番阿斯塔那墓葬群230号墓。以小麦粉为原料，经模压成型后烘烤制成，是目前发现的唯一一件唐代月饼式食物文物。

馄饨

叶片形点心

旋涡纹点心

国宝名称：各类面点一组
所属年代：唐
出 土 地：吐鲁番市阿斯塔那墓葬群230号墓

这组面点出土于新疆吐鲁番阿斯塔那墓葬群，数量较多，种类丰富，包括饺子、馄饨、糕点等多种类型。面点以小麦粉为原料，通过两种方式成型，一种是手捏制，如四角式点心、旋涡纹点心、叶片形点心、双环式点心等；另一种是先模制成型，之后再进行烘烤。

由于吐鲁番地区特殊的干燥气候，这些面点得以较好地保存下来。这些面点不仅是食物，更是文化的载体。饺子、馄饨等面食，与中原地区的饮食文化有一定的相似性，反映了当时新疆地区与中原地区在饮食方面的交流与融合。

这组面点造型丰富多样，小巧精致，美观雅致。梅花形和菊花形的糕点有着美好的寓意，具着悠久的历史渊源。宝相花并非现实中存在的花卉，而是经过艺术加工创作而成，颇具创新性。六瓣、七瓣花形的糕点皆为手工捏造而成，五瓣梅花式与宝相花纹的糕点则是通过印模制作。这些花型糕点的出现，彰显出古代吐鲁番居民在面粉加工方面已达到精细化、工艺化的水准，对面食的研究与创新也形成了独特工艺，极大地丰富了食品的种类与样式。

梅花式糕点，1972年出土于吐鲁番阿斯塔那墓葬群187号墓，直径3.5厘米，厚1厘米，借助印模塑造成五瓣梅花的形状，最后经烘烤制作而成。

四棱形点心

双环式点心

七瓣夹心糕点

六瓣花式点心，1966年于吐鲁番阿斯塔那墓葬群54号墓出土，直径16.1厘米，厚1.2厘米，呈六瓣花的造型，中间的花蕊部分已缺失不见。

菊花式糕点，1972年出土于吐鲁番阿斯塔那墓葬群187号墓，直径5厘米。以面粉为主要原料，制作成菊花形状。同墓还出土有以印模压制而成的菊花式糕点。

饺子，皮薄馅足，与现代饺子几乎没有区别，在当时被称为“水角”“角子”等。

墓主人生活图

最早的纸本『连环画』

国宝名称：	墓主人生活图
所属年代：	东晋
出 土 地：	吐鲁番市阿斯塔那墓葬群13号墓

这幅墓主人生活图长106.5厘米，宽47厘米，是我国目前所保存完好、时代最早的纸画，1964年出土于阿斯塔那墓葬群13号墓。整幅图是由6张大小均等的小画拼接而成，画面分为上下两部分，上部分3幅画展现的基本都是户外场景，下部分3幅描绘了墓主人的日常生活。整幅画作笔调质朴，仅寥寥数笔，便勾勒出一幅涵盖天文地理、世俗生活的宏大画卷。其蕴含信息量丰富，从墓主人的精神信仰，到服饰、礼仪以及生活方式等各个方面均有涉及，向人们传递出中原文化在西域地区广泛传播与深入交流的强烈信息。

这幅墓主人生活图所用纸张质地粗糙，呈现出土黄色，仅用墨色来体现黑色，以赭石表现红色，虽着墨不多，却意蕴深厚。尽管它的线条、色彩运用较为简约，画风也稍显随意，但其所蕴含的价值无比珍贵。

画面的左上角和右上角分别绘制着太阳与月亮，空中有两组形制各异的北斗星，它们共同构成了日月星辰变化的画面。这描绘的是墓主人在离世后，借助神树，在神鸟的引领下升入天国的场景。

右上方的一棵树下，是一片田地，犁、耙、杈等农具就放置在田边，充满田园气息。

画面的核心位置，端坐在榻上的人物便是墓主人。他手持团扇，似在乘凉。双眼微微斜睨，神情显得颇为严肃。头戴高冠，身着条纹袍服，唇边长着八字胡，身形稍显臃肿。身上所穿袍服，有着宽大的衣袖且为开襟设计，这属于魏晋时期士大夫们典型的着装款式。

墓主人身侧站立着一位女子，她身着红裙，头梳双髻，拱手而立，好像在随时听候吩咐。女子的面部点缀着花钿，所梳的发髻颇为独特，这正是魏晋时期中原地区盛行的“撷子髻”。由此可见，当时西域的女子，在服饰、发饰以及妆容等方面，深受中原文化的影响。

在墓主人的右侧是一处厨房场景，其中摆放着石臼、磨盘，还有做工精细的炊具、造型精美的双耳酒坛以及鞍形烤炉等各类厨房器具。烤炉内的炉火熊熊燃烧，一位厨娘正专注地烹制着饭菜。从这些细节可以看出，墓主人生前的生活十分富足。

左图中，有一棵小树，还有一匹装饰得十分华丽的骏马，一位身穿蓝衫的马夫手持马鞭。整个场景仿佛是在秋高气爽的时节，马夫正准备随主人外出远行。

玛瑙项链

两千多年前的首饰加工『黑科技』

弦纹

以单一线条稀疏排列环绕在玛瑙表面，虽简洁却富有韵律感，给人一种规整、和谐之美。

曲折纹

纹路呈连续的曲折状，如同波涛起伏的海浪，充满了动感与节奏变化。

国宝名称：玛瑙项链
所属年代：汉
出 土 地：温宿县包孜东墓

这条玛瑙项链1985年出土于新疆温宿县包孜东墓，共19颗珠子，形状丰富多样，有圆形、圆柱形、椭圆形、锥体等，颜色多样，包括黄、深红、浅红、灰等，反映了原料来源的多元性。其中一颗锥形垂坠覆金箔，并配有金质圆环，是汉代西域金属工艺与珠饰结合的罕见实例。黄色玛瑙蚀花的纹饰可分为单一纹饰和复合纹饰。

复合纹饰

弦、点和三角纹的精妙组合构建出丰富的视觉层次，组合自由，呈现出对称的美感。

三角纹

以等边或等腰三角形的形态呈现，大小间隔，象征着稳定与力量，为珠子增添了一份庄重之感。

这条玛瑙项链涵盖黄、深红、浅红、灰、绿等多种颜色，色彩斑斓，每颗珠子都有其独特的色泽和韵味。半月形坠饰附近的一颗松绿色珠子更是点睛之笔，与吊坠上的金箔装饰共同为项链增添了一抹亮色。玛瑙蚀花的纹饰是串珠的一大亮点，其纹样呈现出明显的印度风格，可能通过陆上丝绸之路，从西亚或印度传入，表明当时新疆在丝绸之路文化贸易交流中占据着重要地位。

小提示

玛瑙、肉红蚀花石髓珠（西汉，云南省博物馆）

玛瑙蚀花珠制作工艺繁复，需经多道工序。先是用碱性原料在玛瑙表面勾勒图案，接着进行加热处理，让颜色渗入珠体，从而形成持久精美的纹饰。玛瑙蚀花珠是借助化学蚀刻技术在玛瑙或红玉髓表面呈现出纹饰的古珠。我国的蚀花珠主要出土于新疆、青海、陕西、河南、湖南、云南、广东、广西等地。

器物小知识

历史悠久的玛瑙

前面的汉代玛瑙项链向我们展示了早在2000多年前，玛瑙作为大自然中的漂亮玉石，早已被我们的祖先发现并应用于生活中的方方面面了。它既能当配饰，也能当杯、碗等生活用具。随着雕刻技巧的不断进步，对玛瑙的雕刻加工技巧逐渐达到巅峰。下面我们来欣赏历史悠久的玛瑙作品吧。

玛瑙内画山水鼻烟壶（清，中国国家博物馆）

鼻烟壶

这件鼻烟壶由优质玛瑙精心雕琢而成，胎体光滑，透着一股朦胧美感。内绘的山水画作精美绝伦、层次分明，堪称清代内画艺术的珍品。小小壶身内，远山、溪流、小草、枝叶等景致被描绘的栩栩如生。

玛瑙俏色仙鹤水滴（清，美国大都会艺术博物馆）

水滴

这件仙鹤水滴其主体为一只仙鹤，其通体为暖白玉色，尾部为浅浅的红，色彩过渡自然。仙鹤的玉白身躯与三颗红润寿桃对比强烈，鹤冠处点缀的红褐色渐变自然，如同艺术的点睛之笔，使整体更加生动。

玛瑙俏色花插（清，美国大都会艺术博物馆）

花插

这款玛瑙俏色花插，主体为一个色泽温润的红木桩，木桩的角落，几株灵芝悄然生长。从木桩底座处，一枝浩白的树枝优雅探出，枝头点缀着数朵小花，生动地呈现了枯木逢春之景。

玛瑙山茶洗（明，台北故宫博物院）

笔洗

这件玛瑙山茶洗是明代的一件笔洗。笔洗的主体雕刻为一朵盛开的山茶花，花朵中空，内部可用于盛水洗笔。

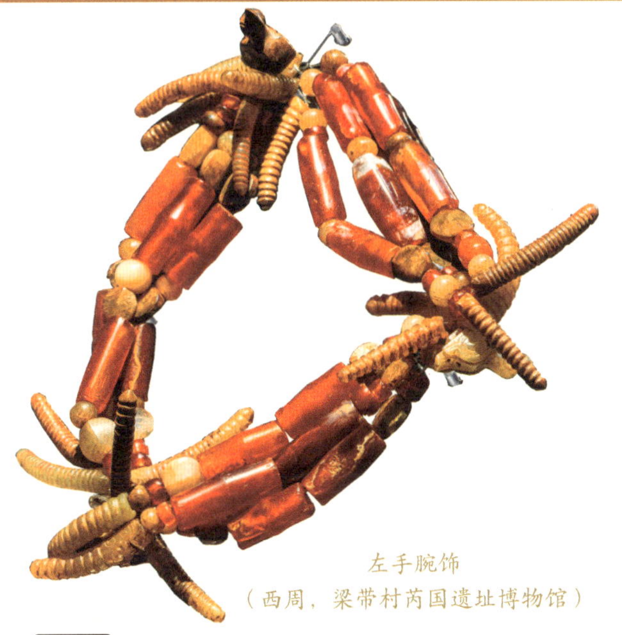

左手腕饰
（西周，梁带村芮国遗址博物馆）

盛酒器

这款玛瑙雕提梁卣，选用的是极为稀有的优质玛瑙石料，色泽光亮且醇厚。器型小巧精致，卣身腹部圆润饱满，线条优美流畅。镂空链条巧妙串接，采用的是镂雕与浅浮雕的手法，工艺细腻精湛。在清代，这样的玛瑙雕提梁卣是极为珍贵稀少的盛酒器具。

玛瑙雕提梁卣（清，故宫博物院）

腕饰

这件配饰结构复杂却井然有序，运用了大量的玉珠、玉蚕、玉凤，还有红玛瑙玉管。其中红玛瑙玉管晶莹澄澈，色泽鲜艳夺目，泛着玻璃般的光泽。它向我们呈现出周代贵族女性独特的时尚品味。

花形玛瑙杯（唐，莒州博物馆）

杯具

这个杯子选用玛瑙为材质，色泽柔和，光泽含蓄。造型别具一格，呈喇叭形花状，口沿处经过精心镂空雕刻，鸟与松鼠相对而望，姿态灵动活泼，寓意着吉祥和谐，足见工匠对细节的极致追求和丰富的想象力。

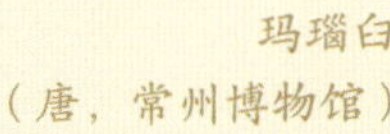

玛瑙臼
（唐，常州博物馆）

药臼

这件药臼由深褐色夹乳白缟带纹理的玛瑙雕琢而成，虽无雕刻纹样，但玛瑙纹理交错，光彩照人。唐代药臼多为木质、瓷质或铁质，玛瑙材质较为少见。当时，优质玛瑙因稀缺且具异域风情，备受皇室贵族青睐。所以，这件玛瑙臼极可能是专为皇室贵族定制，用以精细研磨药物的珍贵用具。

彩绘文具盒

国宝名称：彩绘文具盒
所属年代：清
材　　质：木

这件彩绘文具盒长31厘米，宽6.8厘米。

文具盒征集于喀什地区，整体呈长方体，采用木胎彩漆的工艺制作而成，是由传统的木工技法精心打造的。开口较为独特，是不规则的插口，但将盒套推进后，恰好能与盒体相吻合。整体色彩艳丽，盒身通体施黄彩，辅以红色的花卉纹样，画面布满花纹，造型别出心裁。

这件彩绘文具盒在色彩和纹饰的运用上，不但纹饰绚丽多彩，而且从颜色到图案纹饰的运用都相得益彰，是具有民族风格的工艺品，也是实用与艺术价值兼备的难得珍品，为研究清代新疆地区的文化交流与融合提供了珍贵的实物资料。

外盒以白色为地，历经岁月的洗礼，白色稍许泛黄，更增添了一分古朴的韵味。上面绘有黄红两色花朵和蔓草纹，色彩搭配鲜艳且富有层次感。盒身两侧及顶盖绘有3朵大花，这些大花由不同花卉巧妙组合而成，从花朵中延伸出藤蔓，藤蔓上点缀着各种形态的小花，充满了生机与活力。

胭脂红与湘色的外壳经过氧化后营造出复古典雅的视觉效果。葱绿色的内盒打破沉闷，显得清新活泼。靛蓝加深底蕴，使整体色调既具古典韵味又不失灵动，和谐而富有视觉效果。

胭脂红

湘色

葱绿

靛蓝

这件彩绘文具盒在色彩运用上，主体以黄色为主调，在中国文化传统里，黄色长久以来都被赋予尊贵、荣华的寓意。此外，在维吾尔族的文化内涵中，绿色代表着幸福与和平，而红色则象征着蓬勃的生命与无尽的活力。装饰图案主要采用植物纹样，其中五瓣花和蔓草纹深受维吾尔族的喜爱。特别是蔓草纹，以其宛如葡萄藤般的柔曼曲线为核心，辗转缠绕、变化多姿，彰显出别具一格的民族特色。

文具盒由内、外盒套合组成，外盒较内盒稍大，外盒一端为口，开口处做成不规则的形状，这一独特的设计使得外盒与内盒套在一起时，盒口能够合得严丝合缝，展现出古代工匠精湛的技艺。当需要打开盒子时，通过推拉内盒即可轻松实现，操作简单且方便。

内盒的装饰同样精美。外壁三面以黄色为地，盒身两侧施有蓝色缠枝花卉纹图案，蓝色的清新与黄色的明亮相互映衬，给人以视觉上的愉悦感。

新疆维吾尔自治区其他博物馆名录（节选）

吐鲁番博物馆

哈密市博物馆

巴音郭楞蒙古自治州文博院

阿克苏地区文博院（博物馆）

伊犁哈萨克自治州博物馆

乌鲁木齐博物馆（乌鲁木齐市革命历史纪念地管理中心）

博尔塔拉蒙古自治州博物馆

和田地区博物馆

木垒哈萨克自治县博物馆

塔城地区博物馆

喀什市博物馆

玛纳斯县博物馆

新疆地质矿产博物馆

新疆自然博物馆

策勒县红色展馆

楼兰博物馆

新疆泰加自然博物馆

新疆日报报史馆

霍城县薰衣草博物馆

新疆机场历史陈列馆

昭苏天马博物馆

新疆活体昆虫博物馆

伊宁市六星街民俗文化陈列馆

亚历山大手风琴珍藏馆

克拉玛依市紫砂博物馆

阿尔泰山中草药博物馆

哈密赏石文化博物馆

高昌区驼铃葡萄酒文化展示馆

巴音郭楞蒙古自治州心祖博物馆

英吉沙县小刀博物馆

塔城手风琴文化展馆

新疆兵团军垦博物馆

新疆维吾尔自治区博物馆，矗立在广袤的新疆大地，宛如一座璀璨的文化宝库，珍藏着众多灿烂文化瑰宝，是促进新疆维吾尔自治区多元文化交融发展的重要之地。这幅绢画出土于吐鲁番阿斯塔那墓葬群，图中绘有人首蛇身的一男一女，以手搭肩相依，蛇尾相交。整幅绢画构图丰满，将人物与日月星辰等元素巧妙融合，布局合理且富有层次感。

彩绘伏羲女娲绢画

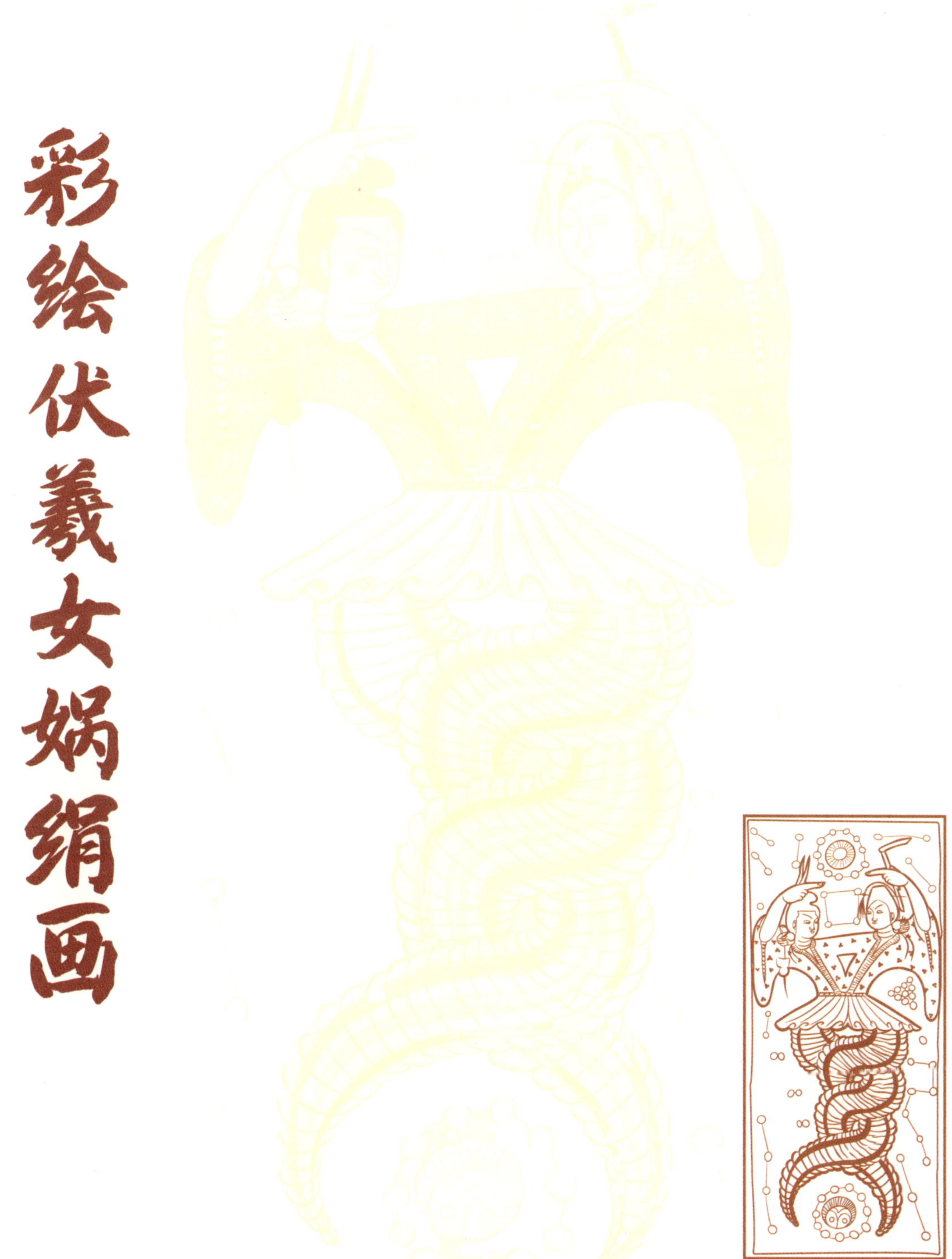

图书在版编目（CIP）数据

新疆维吾尔自治区博物馆 / 红糖美学著. -- 武汉 :华中科技大学出版社, 2025. 6.
（中国博物馆全书）. -- ISBN 978-7-5772-1814-4

Ⅰ. G269.274.5

中国国家版本馆CIP数据核字第20251243QA号

中国博物馆全书. 第三辑 新疆维吾尔自治区博物馆 红糖美学 著

Zhongguo Bowuguan Quanshu. Di-san Ji Xinjiang Weiwu' er Zizhiqu Bowuguan

出版发行：华中科技大学出版社（中国·武汉） 电话：（027）81321913
华中科技大学出版社有限责任公司艺术分公司 （010）67326910-6023

出 版 人：阮海洪

责任编辑：张　颖　刘昊威　夏瑞付　林晓春　封面设计：魏　薇

责任监印：赵　月　张　丽

制　　作：王玉平

印　　刷：河北朗祥印刷有限公司

开　　本：889mm × 1194mm　1/16

印　　张：60

字　　数：663千字

版　　次：2025年6月第1版第1次印刷

定　　价：998.00元（全10册）

华中出版

本书若有印装质量问题，请向出版社营销中心调换

全国免费服务热线：400-6679-118 竭诚为您服务

版权所有 侵权必究